맛있는 요리를 위한

밑손질 AND 조리방법

마츠모토 나카코 감수

강정원 옮김

밑손질을 알면
요리가 더 맛있어진다

    요리 솜씨라고 하면 굽기, 튀기기 등의 요령을 떠올리겠지만, 그보다 더 중요한 것이 바로 밑손질입니다.

    손으로 대충 찢어 만들기만 하면 되는 양상추 샐러드는 물기를 잘못 빼면 드레싱을 뿌려도 싱겁고 맛이 없습니다. 간단한 요리일수록 밑손질이 중요하다는 것을 알 수 있지요. 시금치 무침은 식탁에 자주 오르는 반찬인데, 혹시 시금치를 뿌리째 씻어서 삶은 뒤에 썰고, 그릇에 넣어 무치지는 않나요? 원래 시금치는 썰고 나서 삶아도 맛과 영양이 변하지 않습니다.
    이처럼 밑손질은 요리의 맛뿐 아니라 드는 수고와 시간과도 깊은 연관이 있습니다. 아무리 값비싼 참치회도 얇게 썰면 맛이 없습니다. 그만큼 써는 방법이 특히 중요하며, 그밖에도 밑손질에 따라 맛이 좌우된다고 해도 과언이 아닙니다. 간단하지만 요리에 맛을 더하는 밑손질, 꼭 한번 해보세요.

마츠모토 나카코

차례

머리말 · 2

이 책의 구성 · 8

PART1
채소 밑손질 방법 · · · · · · · · · · · · 9

채소 자르는 법 철저 검증
1 양배추 채썰기, 어떻게 다를까? · · · · · · · · · 10
2 양파 썰기, 어떻게 다를까? · · · · · · · · · · · · · 11

채소 자르는 방법 알기
채소 자르기 · 12

씻는 법 일람 채소편 · · · · · · · · · · · · · · · · 14
껍질 벗기는 법 일람 채소편 · · · · · · · · · · 16
자르는 법 일람 채소편 · · · · · · · · · · · · · · 18

COLUMN
칼집 내기 · 칼자국 내기 · 찢기 · · · · · · · · · · 23

채소를 물에 담그는 법 철저 검증
1 우엉을 물에 담그기, 어떻게 다를까? · · · · · · 24
2 양상추를 물에 담그기, 어느 쪽이 정답? · · · · 25

채소를 물에 담그는 방법 알기
채소를 물에 담그는 방법 · · · · · · · · · · · · · · · 26

물에 담그는 법 일람 채소편 · · · · · · · · · · 28

건조식품 불리는 방법 철저 검증
1 말린 표고버섯 불리기, 어느 쪽이 정답? · · · · 30
2 박고지 불리기, 어느 쪽이 정답? · · · · · · · · · 31
3 콩 삶기, 어느 쪽이 정답? · · · · · · · · · · · · · · 32
4 팥 삶기, 어느 쪽이 정답? · · · · · · · · · · · · · · 33
5 언두부 불리기, 어느 쪽이 정답? · · · · · · · · · 34
6 라이스페이퍼 불리기, 어느 쪽이 정답? · · · · 35

건조식품 불리는 법 알기
건조식품을 불리는 방법 · · · · · · · · · · · · · · · 36

불리는 법 일람 건조식품 편 · · · · · · · · · · 38

채소 가는 법 철저 검증
1 분쇄 기구, 어떻게 다를까? · · · · · · · · · · · · 42
2 와사비 갈기, 어느 쪽이 정답? · · · · · · · · · · 44
3 참마 갈기, 어떻게 다를까? · · · · · · · · · · · · 45

채소 가는 법 알기
채소 갈기 · 46

가는 법 일람 채소편 · · · · · · · · · · · · · · · · 48

채소 삶는 법 철저 검증
1 감자 삶기, 어떻게 다를까? · · · · · · · · · · · · 50
2 시금치 삶기, 어떻게 다를까? · · · · · · · · · · 51
3 배추 삶기, 어떻게 다를까? · · · · · · · · · · · · 52
4 브로콜리 삶기, 어떻게 다를까? · · · · · · · · · 53
5 연근 삶기, 어느 쪽이 정답? · · · · · · · · · · · · 54
6 토란 삶기, 어떻게 다를까? · · · · · · · · · · · · 55
7 일반 풋나물 삶기, 어느 쪽이 정답? · · · · · · · 56
8 배추를 삶은 뒤 다음 단계, 어느 쪽이 정답? 57

채소 삶는 법 알기
채소 삶기 · 58

삶는 법 일람 채소편 · · · · · · · · · · · · · · · · 60

COLUMN
으깨기와 체에 내리기의 차이 · · · · · · · · · · · 64

PART2
해산물·육류·달걀·콩·콩제품의 밑손질 방법 ······· 65

해산물 밑손질 철저 검증
1 생선 구이의 식감, 어떻게 다를까? ········· 66
2 생선 잡내 제거, 어떻게 다를까? ·········· 67
3 생선회 뜨기, 어느 쪽이 정답? ············ 68

해산물 손질법 알기
해산물의 밑손질 ······················ 70

손질법·써는 법 일람
해산물편 ·············· 72

COLUMN
생선회에 곁들이는 음식 ·············· 85

육류 써는 법 철저 검증
1 육류 채썰기, 어떻게 다를까? ············· 86
2 간 피 빼기, 어떻게 다를까? ············· 87

육류 밑손질 알기
육류 밑손질 ························ 88

밑손질·써는 법 일람
육류편 ················ 90

육류 삶는 법 철저 검증
1 덩어리 고기 삶기, 어느 쪽이 정답? ········ 94
2 얇게 썬 고기 삶기, 어느 쪽이 정답? ······· 95

해산물 삶는 법 철저 검증
1 참치 삶기, 어느 쪽이 정답? ············· 96
2 오징어 삶기, 어느 쪽이 정답? ············ 97

육류·해산물 삶는 법 알기
육류·해산물 삶기 ···················· 98

삶는 법 일람
육류·해산물편 ············· 100

콩제품 밑손질 철저 검증
1 두부 물기 제거, 어떻게 다를까? ·········· 102
2 유부 사용법, 어떻게 다를까? ············ 103

콩·콩제품 밑손질 알기
콩·콩제품 밑손질 ···················· 104

삶는 법·밑손질 일람
콩·콩제품편 ························ 106

밑손질 일람
달걀편 ·················· 109

COLUMN
달걀 흰자와 생크림은 왜 거품이 일까? ······· 110

PART3
조리 과학의 새로운 기본 상식 ················ 111

무치기 철저 검증
1 깨소금 무침, 어느 쪽이 정답? ············ 112
2 두부 무침, 어느 쪽이 정답? ············· 113
3 초무침, 어느 쪽이 정답? ··············· 114
4 그린 샐러드, 어느 쪽이 정답? ············ 115

무치는 요리 알기
요리 좀 더 알아보기 ① 무치기 ············ 116

요리별 조리 요령
깨소금 무침/두부 무침/초무침/그린 샐러드 ··118

조리기 철저 검증
1 무 조림, 어떻게 다를까? ··············· 122
2 생선 조림, 어떻게 다를까? ·············· 123
3 고기 조리는 방법, 어떻게 다를까? ········ 124
4 얇게 썬 고기 조리기, 어느 쪽이 정답? ····· 125

조림 요리 알기
요리 좀 더 알아보기 ② 조리기 ············ 126

요리별 조리 요령
고기 감자 조림/일본식 토란 조림/생선 조림/
양배추 롤 ································· 128

볶기·굽기 철저 검증
1 채소 볶기, 어느 쪽이 정답? ············ 132
2 그릴 생선 구이, 어떻게 다를까? ········ 133
3 스테이크 굽기, 어느 쪽이 정답? ········ 134
4 달걀부침 만들기, 어느 쪽이 정답? ······ 135

볶음 요리·구이 요리 알기
요리 좀 더 알아보기 ③ 볶기·굽기 ········ 136

요리별 조리 요령
채소 볶음/생선 구이/스테이크/햄버그스테이크/
만두/연어 뫼니에르 ······················· 138

COLUMN
맛있는 달걀 요리 만들기 ················· 144

걸쭉하게 만드는 조리법 철저 검증
1 걸쭉하게 만들기, 어느 쪽이 정답? ······ 146
2 루를 쓰는 요리, 어떻게 다를까? ········ 147

걸쭉하게 만드는 조리법 알기
요리 좀 더 알아보기 ④ 걸쭉하게 만들기 ··· 148

요리별 조리 요령
달걀국/안카케/화이트소스/포타주 ········ 150

찜 조리법 철저 검증
1 일본식 달걀찜 만들기, 어떻게 다를까? ··· 154
2 고구마 찌기, 어느 쪽이 정답? ·········· 155

찜 요리 알기
요리 좀 더 알아보기 ⑤ 찌기 ············· 156

요리별 조리 요령
일본식 달걀찜/생선찜/닭고기 술찜/
바지락 술찜 ······························ 158

튀김 조리법 철저 검증
1 가라아게 튀기기, 어떻게 다를까? ······· 162
2 생선 프라이 튀기기, 어느 쪽이 정답? ··· 163
3 적은 양의 기름에 튀기기, 어느 쪽이 정답? 164
4 감자칩 튀기기, 어느 쪽이 정답? ········ 165

튀김 요리 알기
요리 좀 더 알아보기 ⑥ 튀기기 ··········· 166

요리별 조리 요령
가라아게/돈가스/혼합 튀김/새우 튀김 ····· 168

밥 짓기 철저 검증
1 밥 짓기, 어떻게 다를까? (압력밥솥) ····· 172
2 밥 짓기, 어떻게 다를까? (냄비) ········· 173
3 나물밥 짓기, 어느 쪽이 정답? ·········· 174
4 압력밥솥으로 팥찰밥 짓기, 어느 쪽이 정답? 175

밥 짓기 알기
요리 좀 더 알아보기 ⑦ 밥 요리 ·········· 176

요리별 조리 요령
흰쌀밥/초밥용 밥/일본식 솥밥/차오판 ····· 178

COLUMN
면 맛있게 삶기 ·························· 182

COLUMN
단면구이 그릴과 양면구이 그릴의 차이점은 ·· 184

PART4
조미료의 역할과 맛 내기 · 185

계량법 알기
맛 내기 알아보기 조미료 계량 ············186
조미료의 염분량 ·····························188

육수 내기 철저 검증
1 육수 내기, 어느 쪽이 정답? ① ···········190
2 육수 내기, 어느 쪽이 정답? ② ···········191

육수 내는 법 알기
맛 내기의 기본 좀 더 알아보기 육수 내기 ··192
화학조미료의 원료 ···························194

조미료 사용법
소금 ··196
쇼유·미소 ··································198
설탕·미림 ··································200

COLUMN
육수가 되는 주된 재료 ······················202

PART5
알아두면 좋은 기준량& 정미량 ·······························203

기준량 알기
알면 도움 되는 기준량&정미량과 폐기량 ····204
기준량·정미량·폐기율 표 ···················206

하루에 무엇을 얼마나 먹어야 될까?
(반찬 수 섭취법) ·····························240

이 책의 구성

- 이 책은 조리 시에 유용한 재료 밑손질에 관한 정보를 실었다.
- 채소, 해산물, 육류, 달걀, 콩, 콩 제품 등 재료별로 씻는 법, 써는 법, 불리는 법, 삶는 법, 굽는 법 등의 밑손질 순서를 상세히 해설하였다.
- 망설이기 쉬운 밑손질 방법은 검증을 거쳐 그 결과를 소개하였다. 검증 결과에서 OK이면서 △ 인 것은 틀렸다는 뜻은 아니지만, 되도록 ○를 권장한다. 또한, 과학적인 해명과 함께 조리 요령을 해설하였다.
- 재료의 기준량과 폐기율(p. 206~), 조리별 영양 성분 자료(p. 240~)를 실었다.

재료별 밑손질 방법을 재료별로 상세하게 해설
재료에 따라 씻는 법이나 써는 방법 외에도 가열 방법과 같은 밑손질을 사진으로 제시하여 알기 쉽게 설명했다.

각 밑손질에 대한 포인트와 목적을 해설
밑손질의 목적을 조리과학 시점에서 상세히 해설했다. 또한, 유용한 토막 지식을 원 포인트 memo에서 소개했다.

자주 하는 조리법 소개
메인 요리부터 곁들임 요리까지 자주 하는 조리법을 소개했다.

자주 하는 요리에 맛을 더하는 조리 요령을 포인트 컷으로 해설
자주 하는 요리를 조명하며 맛있게 만드는 포인트를 해설했다.

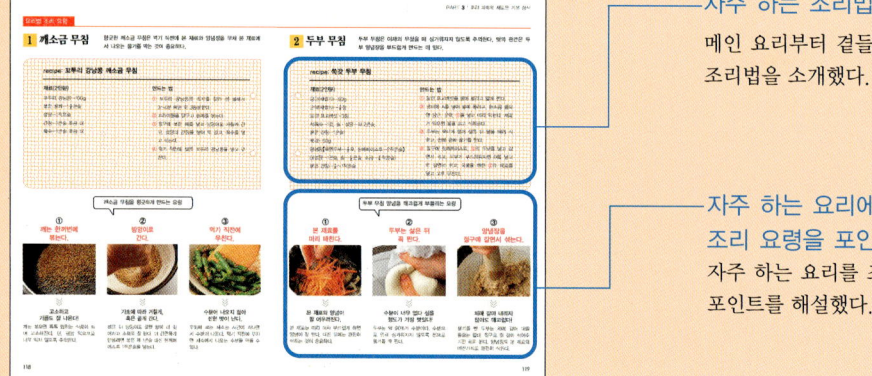

PART
1

채소 밑손질 방법

맛과 영양의 손실을 막으며 맛있게 채소를 먹는 요령은 꼼꼼한 밑손질에 있다. 기본적인 밑손질을 익혀 음식 맛을 한 수준 올려보자.

채소 자르는 법 철저 검증 ①

Q 양배추 채썰기, 어떻게 다를까?

A 섬유결을 따라 썬다.

써는 법
단단한 섬유결을 끊지 않아 충분히 씹히는 느낌이 난다. 찬물에 5분간 둔다.

≫ 찬물에 5분간 둔다.

OK!

섬유결이 남아 있어 싱싱하고 단단하다.

/ 아삭아삭! \

식감이 좋다

B 섬유결의 직각 방향으로 썬다.

써는 법
섬유결이 끊겨 전체적으로 부드러운 식감이다.

≫ 물에 5분간 둔다.

OK!

탄력은 없지만 입안에서 수분이 돈다.

/ 연하고 부드럽다! \

먹기 좋다

섬유결을 살리고, 끊어냈을 때의 식감의 차이
야채에는 섬유 조직이 있는데, 특히 양배추는 밑(심)에서 위(잎)를 향해 세로로 섬유가 단단히 들어차 있다. 양배추를 채썰기 할 때 섬유결을 따라 썰면 섬유가 남아서 아삭아삭 충분히 씹히는 느낌이 든다. 반대로 섬유결의 직각 방향으로 썰면 섬유가 끊어져 식감이 부드러워진다.

PART 1 | 채소 밑손질 방법

Q 양파 썰기, 어떻게 다를까?

A 섬유결을 따라 썬다.

써는 법
식감을 살리거나 모양을 낼 때 쓴다.

▽ 조림 국물에 10분 조린다.

OK!

원래 양파는 불을 가하면 잘 뭉그러지지만······.

보기 좋다

／뭉그러지지＼
　않는다！

B 섬유결의 직각 방향으로 썬다.

써는 법
섬유결을 끊으면 결이 전체적으로 부드럽다.

▽ 조림 국물에 10분 조린다.

OK!

매운 성분이 잦아들어 부드러운 식감이다.

먹기 좋다

／알맞게＼
　뭉그러진다！

요리에 따라 써는 법을 달리한다

양파의 섬유는 뿌리에서 위를 향해 세로로 나 있다. 섬유결을 따라 썰 때에는 세로로 반 자른 뒤, 자른 면을 밑으로 두고 가장자리부터 얇게 썬다. 잘 뭉그러지지 않으므로 볶음이나 끓이는 요리에 어울린다. 반대로 섬유결의 직각 방향으로 썰면 식감이 부드러워진다. 샐러드나 양념장, 수프 건더기에 어울린다.

11

채소 자르는 방법 알기

채소
자르기

칼로 재료를 두 동강 이상으로 나눈다.

치기
칼을 잇달아 탕탕 내리치며, 그 무게로 써는 방법

때리기
칼등으로 야채를 두드리거나 칼 옆면으로 야채를 눌러 부수는 방법

자르기 외에 채소를 조각내는 방법

자르는 목적	① 못 먹는 부분을 제거한다.	② 모양과 크기를 고른다.
	채소의 종류에 따라 다르나, 껍질이나 뿌리, 씨, 솜, 줄기와 같은 버리는 부분을 자른다.	조리법 혹은 먹는 사람의 나이에 맞게 모양 또는 크기를 고른다.

조리법이나 그릇, 먹는 사람에게 맞춘다

채소는 작게 썰면 잘 익고 조미료가 잘 배어든다. 익는 속도는 재료마다 다르므로 조리법에 맞게 써는 것이 포인트이다. 예쁘게 장식한다면 그릇 크기에 맞게 써는 것도 잊지 말자. 또한, 써는 방향에 따라 식감이 달라지므로, 연령과 상태에 따라 써는 방향을 고른다.

입 안에 느껴지는 식감의 차이

섬유결을 보고 썰 방향을 정한다.

채소 자르는 법 철저 검증(p.10, 11)에도 썼다시피 채소에는 섬유가 난 방향이 있다. 일반적으로 섬유는 단단하므로, 섬유결을 따라 자르면 뭉그러짐을 막으면서도 식감이 아삭해진다. 그런데 재료에 따라 결이 남아 먹기 불편한 느낌을 주기도 한다. 이럴 때는 섬유결을 끊어 썰면 식감이 부드러워진다.

섬유 방향에 따른 식감의 차이

섬유결을 따라 썬다
끓이는 음식, 국물요리에서 뭉그러지는 것을 막을 때, 아삭한 식감을 낼 때에는 섬유가 남도록 썬다. 양배추를 채썰기 하면 단단한 섬유가 남으므로 식감이 좋아진다.

섬유결의 직각 방향으로 썬다
생으로도 잘 씹히게 만들거나, 가열하며 부드럽게 만들고 싶다면 섬유를 끊어 썬다. 식감이 부드러워지므로 어린이나 연세가 있는 분의 요리에 적절하다.

재료별 써는 법의 특징

①
우엉조림은 돌려썰기 한다.

돌려썰기는 연필을 깎듯이 써는 방법을 말한다. 섬유결을 끊어 썰면 부드러워진다.

②
바늘생강은 섬유결을 따라 썬다.

섬유결을 따라 얇게 썰고 난 뒤 채쳐서 바늘처럼 뾰족하게 만든다.

③
배추 꼭지는 엇베어 썰어 섬유를 끊는다.

섬유가 단단한 꼭지는 먹기 힘들다. 엇베어 썰면 섬유를 끊을 수 있다.

씻는 법 일람

채소편

바람을 맞으며 자라는 채소는 겉에 흙이나 해충, 잔류농약이 묻은 경우가 있으므로 잘 씻는다. 종류에 따라 씻는 법이 다르다.

1 잎채소 씻기

풋나물 일반

STEP 1 — 밑동은 물에 담가 잘 씻는다.
STEP 2 — 잎은 털어내듯이 헹군다.

밑동에는 흙이나 불순물이 잘 남으므로 받은 물로 꼼꼼히 씻는다.

잎에도 흙이나 벌레가 있을 수 있으므로 물속에서 털어내듯이 헹군다.

양상추

흐르는 물에 한 장씩 꼼꼼히 씻는다.

바깥부터 한 장씩 떼어 흐르는 물에 꼼꼼히 비벼 씻는다.

부추

잎은 털어내듯이 헹구고 뿌리는 비빈다.

잎은 털어내듯이 헹구고 뿌리는 흐르는 물에 대고 잘 비벼 씻는다.

새싹

뿌리를 잘라내고 털어내듯이 헹군다.

뿌리를 잘라낸 뒤 받아둔 물에 털어내듯이 헹구고 밑동도 똑같이 헹군다.

memo

채소를 씻는 이유

채소를 씻는 이유는 표면에 묻은 오염이나 해충, 잔류농약을 씻어내기 위해서이다. 종류에 따라 소금을 사용하여 씻기도 한다. 채소의 종류에 따라 적당한 세척 방법을 이용하여 씻는다.

2 열매·줄기채소 씻기

피망

속을 씻는다. 흐르는 물에 겉과

천으로 겉을 닦은 뒤, 잘라서 씨를 제거하고 안쪽도 씻는다.

토마토

살살 씻는다. 흐르는 물에 겉을

흐르는 물에 대고 천이나 거즈로 겉을 살살 문지르며 씻는다.

브로콜리

& 소금물에 담가둔다. 털어내듯이 헹구기

보통은 털어내듯이 헹군다. 농도 1% 정도의 소금물에 담가두기도 한다.

오크라

바르고 씻는다. 소금을 문지르듯이

소금을 겉에 뿌리고 솜털이나 불순물이 떨어지도록 문지른 뒤 물로 씻는다.

오이

씻는다. 소금을 치고 굴린 뒤

물에 적신 오이를 도마에 놓고, 소금을 쳐서 굴린 뒤에 물로 씻는다.

누에콩

씻는다. 꼬투리에서 꺼내어

누에콩은 꼬투리에서 꺼내어 겉에 묻은 솜이 떨어지도록 잘 씻는다.

3 뿌리채소·감자류 씻기

무·순무

& 털어내듯이 헹구기 흐르는 물에 문질러 씻기

흙과 불순물이 많은 것은 수세미로 문질러 씻고, 잎이나 줄기 사이는 털어내듯이 헹군다.

우엉

수세미로 잘 문지른다.

우엉에 묻은 흙을 씻어내고 나서 수세미로 문지르면서 물로 씻는다.

감자류

씻는다. 흐르는 물에 잘 문질러

수세미로 문질러 씻는다. 흙이 묻은 것은 흙을 털고 나서 씻는다.

껍질 벗기는 법 일람

채소편
종류나 용도에 따라 껍질을 두껍게 벗기는 것, 얇게 벗기는 것, 삶은 뒤 벗기는 것이 있다. 각 용도에 맞는 방법을 알아두자.

1 두껍게 벗기기

토란

벗기는 법 ①

돌려가며 벗긴다.

칼의 안쪽 날로 토란을 돌려가며 껍질을 벗긴다. 껍질이 마른 뒤에 하면 편하다.

벗기는 법 ②

위아래를 잘라내고 대여섯 면으로 벗긴다.

위아래를 잘라낸 뒤, 잘라낸 면으로부터 세로로 껍질을 벗긴다. 대여섯 면으로 벗긴다.

감자

싹눈 주위는 도려낸다.

감자의 싹에는 솔라닌 독소가 있으므로 칼의 안쪽 날로 말끔히 도려낸다.

호박

엇베듯이 벗긴다.

껍질이 단단하므로 손으로 쥐지 않고 도마에 둔 채 엇베듯이 여러 곳을 베어 낸다.

무

나서 벗긴다. 요리에 맞게 자르고

무는 굵다란 모양이므로 요리에 쓸 길이로 자른 뒤에 껍질을 두껍게 벗긴다.

순무

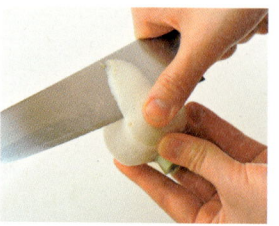

깎는다. 줄기 쪽으로 세로로

밑동에서 줄기 쪽으로 세로로 깎으면 보기에도 깔끔하다. 돌리면서 깎아도 된다.

PART 1 | 채소 밑손질 방법

2 얇게 벗기기

우엉

칼등으로 긁어낸다.

우엉 껍질은 풍미가 있으므로 벗기지 않고, 칼등으로 얇게 긁어낸다.

당근

STEP 1

윗동을 잘라낸다.

꼭지에서 1cm 정도 되는 곳을 잘라 낸다.

STEP 2

벗긴다. 윗동에서 아래로

필러를 사용하면 쉽게 벗길 수 있다. 윗동에서 아래쪽으로 벗기면 편하다.

아스파라거스

STEP 1

밑둥을 잘라낸다.

아스파라거스의 밑동은 섬유가 많고 단단하므로 1~2cm 정도 잘라낸다.

STEP 2

벗긴다. 단단한 부분을

밑동 주위도 단단하므로 밑에서 5cm 정도 되는 부분을 필러나 칼로 벗긴 다.

STEP 3

표피를 제거한다.

줄기에 붙은 세모꼴의 표피는 식감을 위해 제거한다.

3 삶은 뒤 벗기기

토마토

STEP 1

칼집을 낸다. 꼭지를 도려내고

칼끝으로 꼭지 부분을 도려내고, 꼭지 반대편에 열십자 모양의 칼집을 살짝 낸다.

STEP 2

끓는 물에 넣는다.

냄비에 물을 끓여 토마토를 넣고, 껍질이 들뜨면 거름망으로 건져낸다.

STEP 3

껍질을 벗긴다. 찬물에 담그고

준비해둔 찬물에 담그고 들뜬 부분을 집어서 벗기면 간편하다.

> 자르는 법 일람

채소편

채소는 자르는 크기나 방향 등의 차이에 따라 식감이 달라진다. 종류와 용도에 맞는 기본적인 방법을 알아두자.

주사위썰기

두께 1cm, 폭 1cm의 막대 모양의 재료를 가장자리부터 폭 1cm로 썰어 주사위 모양으로 만든다.

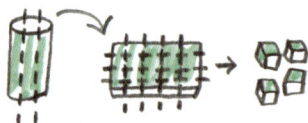

막대썰기

가느다란 막대 모양으로 써는 방법이다. 재료를 길이 5~6cm, 폭 1cm, 두께 1cm로 썬다.

엇베어 썰기

두꺼운 감이 있는 재료를 비스듬히 엇베듯이 썬다. 익는 속도가 빨라진다.

나박썰기

얇은 직사각형으로 써는 방법이다. 재료를 길이 5~6cm, 폭 1cm, 두께 2~3mm로 썬다.

PART 1 | 채소 밑손질 방법

통썰기
자른 단면이 원형인 재료를 가장자리부터 써는 방법이다. 두께는 요리에 맞게 조절한다.

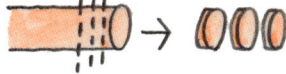

반달썰기
자른 단면이 원형인 재료를 세로로 반을 자르고 가장자리부터 썬다. 통썰기 한 것을 반으로 썰어도 된다.

은행잎썰기
자른 단면이 원형인 재료를 세로로 4등분하고 가장자리부터 썬다. 통썰기 한 것을 4등분해도 된다.

어슷썰기
재료를 비스듬히 써는 방법이다. 요리에 맞게 세로로 반을 자르고 나서 비스듬히 썰기도 한다.

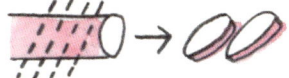

마구썰기
불규칙한 모양으로 써는 방법이다. 자신의 몸 쪽으로 돌리며 비스듬히 칼을 넣고 썬다.

토막썰기
재료를 요리에 맞게 적당한 크기로 토막 내듯 써는 방법이다. 모양은 상관없다.

얇게 썰기

얇게 썰기 ① 양파 등
재료를 가장자리부터 얇게 썬다. 양파는 반을 자른 단면을 아래로 하면 썰기 편하다.

얇게 썰기 ② 가지 등
가지는 꼭지를 잘라내고 나서 얇게 썬다. 썰자마자 찬물에 담근다.

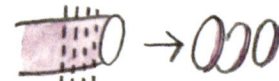

얇게 어슷썰기
재료를 비스듬히 얇게 썬다. 세로로 얇게 써는 것보다 섬유가 더 끊기므로 식감이 부드럽다.

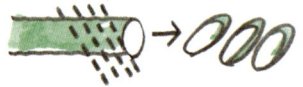

깍둑썰기(2~3cm)
재료를 한 변이 2~3cm 정도 되는 육면체로 써는 방법으로, 싸라기눈썰기보다 크다.

싸라기눈썰기(6~8mm)
6~8mm의 육면체로 자른 깍둑썰기의 축소판으로, 주사위썰기보다 작다.

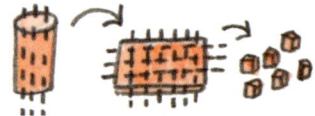

memo

썰고 나서 찬물에 담가야 하는 채소는?

썰어서 그대로 쓰는 채소와 찬물에 담그는 채소가 있다. 소재나 용도에 따라 다른데, 예를 들어 우엉이나 감자는 변색 방지를 위해 물에 담근다. 샐러드용 양상추와 양배추는 아삭한 식감을 위해서, 양파와 대파는 매운 기운을 누그러뜨리기 위해 물에 담근다.

잘게 썰기

잘게 썰기 ① 피망 등
재료를 폭 3mm 정도로 썬다. 막대썰기보다 가늘고 채썰기보다는 굵다.

잘게 썰기 ② 우엉 등
우엉과 같은 두꺼운 감 있는 재료는 3mm 정도의 두께로 썰고 나서 잘게 썬다.

반달썰기
공 모양 재료를 세로로 반 자르고, 자른 단면을 위 또는 아래로 둔 뒤에 중앙을 기준으로 등분되게 잘라 나눈다.

채썰기

채썰기 ① 양배추
잘게 썰기보다 가늘게 썬다. 섬유결을 따라 썰면 아삭함을 느낄 수 있다.

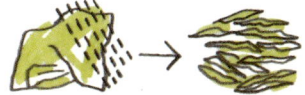

채썰기 ② 양배추
섬유결의 직각 방향으로 썰면 식감이 부드러워진다. 잎채소 외에는 얇게 썰기 한 뒤 채썰기 한다.

채썰기 ③ 대파
대파는 약 4cm의 길이로 썰어 세로로 칼집을 내고 심을 뺀 뒤, 섬유결을 따라 잘게 썬다.

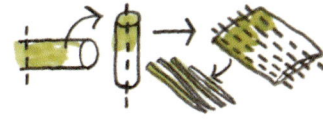

잘게 다지기

잘게 다지기 ① 양파
세로로 반을 자르고 가로·세로로 칼집을 낸 뒤 가장자리부터 썬다. 뿌리를 남기면 썰기 편하다.

잘게 다지기 ② 당근
재료를 얇게 썰기 한 뒤 채썰기 하여 가장자리부터 잘게 썬다. 재료가 조금 크면 애벌로 자른 뒤 잘게 다진다.

잘게 다지기 ③ 파
세로로 4~5개의 칼집을 내고 가장자리부터 가늘게 썬 뒤 전체를 썬다.

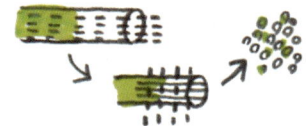

송송썰기
둥글고 가느다란 재료를 가장자리부터 얇게 써는 방법이다. 썬 단면이 작은 것도 마찬가지로 썬다.

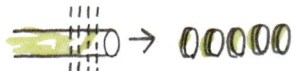

돌려썰기
재료의 겉을 연필 깎듯이 돌려가며 잘고 얇게 썬다. 필러를 사용해도 된다.

두드리기
반죽 밀대 등으로 재료를 두드려 깨고 손으로 찢으면 맛이 잘 스며든다.

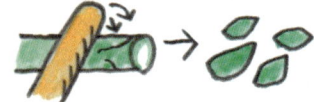

COLUMN

칼집 내기·칼자국 내기·찢기

재료에 따라 요리의 겉모습 또는 먹기 수월하도록 자르지 않고 칼집이나 칼자국을 내기도 한다.

칼집 내기
재료가 잘려 나가지 않도록 칼질한다. 빨리 익고 보기에도 좋다.

칼자국 내기
가장자리를 남기고 칼로 나머지 부분을 자른다. 재료가 잘 익는다.

숨김 칼집 내기
그릇에 담았을 때 밑면이 되는 면에 1/3 깊이까지 열십자 칼집을 낸다.

잎 찢기
잎채소는 손으로 찢으면 식감이 좋다. 손으로 찢으면 되므로, 손질한 장소가 따로 필요 없다.

곤약 찢기
컵 또는 손으로 찢으면 단면에 요철이 생겨 조미료가 잘 스며든다.

슬라이서로 자르기
채썰기는 슬라이서로 하면 편하다. 칼과 비교했을 때도 맛과 모양새가 차이나지 않는다.

 memo 칼집 혹은 칼자국을 내는 이유는?
잘 익지 않는 채소에 칼자국을 내면 수월하게 익을 뿐만 아니라 조미료도 고루 배어서 먹기가 좋다. 또, 재료에 따라 손으로 찢어야 식감이 살아나고 조미료와 잘 어우러지는 것이 있다.

채소를 물에 담그는 법 철저 검증 ①

Q 우엉을 물에 담그기, 어떻게 다를까?

A 물에 담근다.

담그는 법
깨끗이 씻고 돌려썰기 하여 물에 담근다.

∨ 10분 담근다.

OK!

우엉과 담근 물 모두 갈색 기가 돈다.

/약간 갈색 빛이 돈다.\

B 식초 탄 물에 담근다.

담그는 법
깨끗이 씻고 돌려썰기 하여 식초 탄 물에 담근다.

∨ 10분 담근다.

OK!

표백한 듯한 깨끗한 흰색을 띤다.

보기 좋다

/뽀얘진다!\

우엉을 뽀얗고 깨끗하게 손질하려면

산성인 식초는 플라보노이드 계통의 색소를 하얗게 만든다. 우엉을 식초 탄 물에 담그는 이유는 하얗게 만들기 위해서이다. 우엉의 아린 맛은 보통 물에 담가 빼지만, 요즘은 아린 맛이 적어서 물에 담글 필요가 없다. 오히려 물에 너무 담가두면 폴리페놀과 같은 영양소와 향이 달아난다.

24

채소를 물에 담그는 법 철저 검증 ② PART 1 | 채소 밑손질 방법

Q 양상추를 물에 담그기, 어느 쪽이 정답?

A 얼음물에 담근다.

담그는 법
손으로 찢은 양상추를 그릇에 담아내기 직전까지 얼음물에 담근다.

≫ 10분 담근다.

OK!

생기가 돌고 아삭한 맛까지 있다.

살아있는 식감

／아삭아삭!＼

B 상온의 물에 담근다.

담그는 법
손으로 찢은 양상추를 상온의 물에 담근다.

≫ 10분 담근다.

NO!

흐물흐물하고 아삭한 맛도 없다.

✕

／물컹물컹,
흐물흐물!＼

생기가 도는 비결은 물의 온도 차가 관건이다

양상추의 섬유는 저온에서 단단해진다. 샐러드의 아삭한 맛을 내고 싶다면 얼음물에 담근다. 단, 오래 담그면 싱거워지므로 주의한다. 온도와도 관계가 있어 상온의 물에 담그면 흐물흐물하고 시들해진다. 채썰기 한 양배추도 마찬가지로 1~2분 담근다.

채소를 물에 담그는 방법 알기

채소를
물에 담그는 방법

변색을 막거나 싱싱하게 만든다.

방법 ①

찬물에 담그기
매운 성분을 빼거나 콩과 같은 건조식품에 물을 흡수시킬 때 이용한다.

방법 ②

식초 탄 물에 담그기
우엉처럼 색이 잘 변하는 채소를 하얗게 만들 때 한다.

방법 ③

얼음물에 담그기
채소를 싱싱하게 만들거나 삶은 풋나물의 변색 방지를 위해 한다.

물에 담그는 목적	① 싱싱하게 만든다. 수분이 채소의 세포에 스며들면서 싱싱하고 생기가 돈다.	③ 맵기를 누그러뜨린다. 다소 매운 채소를 얇게 썰어 물에 담그면 매운 성분이 녹아나온다.
	② 변색을 막는다. 물에 담가 산소를 차단하여 썬 단면의 변색을 막는다.	④ 아린 맛을 뺀다. 아린 맛이 강한 채소를 잘라 물에 잠시 담그면 그 맛을 뺄 수 있다.

물에 담가 채소를 깔끔하게 보존한다.

우엉 등 채소의 자른 단면이 변색되는 것을 갈변이라고 하는데, 갈변은 자른 단면에 산소가 접촉하면서 효소 작용이 일어나 발생한다. 따라서 물에 담가 산소를 차단해 갈변을 막는다. 또한, 채소의 세포막은 반투성(半透性)이 있는데, 물에 담근 양상추가 신선해지는 것은 수분이 세포 내에 들어가 팽팽해지기 때문이다.

아린 맛을 빼는 채소, 빼지 않아도 되는 채소

채소의 특징과 변화를 고려하는 것이 중요하다

아린 맛이란 야채에 들어 있는 쓴맛이나 떫은맛, 알싸한 맛 따위를 가리키는데, 요리의 맛과 빛깔을 나쁘게 한다. 하지만 모든 채소의 아린 맛을 제거해야 하는 것은 아니다. 예를 들어 우엉과 연근은 아린 맛을 뺄 필요는 없지만, 변색 방지를 위해 썬 단면을 물에 담그는 것이 효과적이다. 아린 맛 제거는 필요에 따라 한다.

목적	변색을 막는다	싱싱하게 만든다	매운 기운을 뺀다
적절한 채소	우엉 가지 연근 등	양상추 양배추 오이 셀러리 등	양파 대파 등
방법	썬 단면이 공기와 접촉하면 갈변하므로 썰자마자 물에 담근다. 가지는 썬 단면이 아래로 오도록 담근다.	샐러드 등 생식으로 먹는 경우 얼음물에 담근다. 차가우면 섬유가 단단해져 더 싱싱해진다.	양파는 얇게 썰고 나서 물에 담근다. 매운 성분을 쫙 빼려면 천에 감싸고 비비면서 세포를 허문다.

아린 맛을 빼야 하는 채소, 빼지 않아도 되는 채소

아린 맛을 뺀다
∨
고구마, 시금치 등

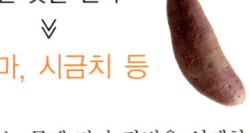

고구마는 물에 담가 갈변을 억제한다. 시금치는 삶은 뒤 물에 놔둔다.

아린 맛을 빼지 않는다
∨
우엉, 연근

아린 맛이 빠지면 재료의 풍미가 사라져 깊은 맛이 나지 않기도 한다.

물에 담그는 법 일람

채소편

채소는 물에 담그면 수분을 흡수해 싱싱하고 아삭해진다.
또한, 변색을 막고 매운 기운을 누그러뜨리기도 한다.

1 싱싱하게 하기

양상추

담근다. 한입 크기로 찢고

한입 크기로 손으로 찢고 찬물에 담근다. 잎 한 장을 그냥 담가도 된다.

오이

담근다. 송송썰기 하고

송송썰기 하고 찬물에 담근다. 부드럽게 하려면 소금을 뿌린다.

셀러리

잘게 썰고 담근다.

잘게 썰고 찬물에 담가 싱싱하게 만든다. 샐러드용으로 좋다.

양배추

채썰기 하고 담근다.

채썰기 하고 찬물에 담근다. 샐러드나 곁들임 메뉴용으로 좋다.

memo

생채소를 물에 담글 때는 얼음물을 이용한다

채소는 물을 흡수하면 세포가 많아져서 탄력이 생긴다. 채소는 온도가 낮으면 단단해지는 성질이 있어 얼음물에 담그면 시너지효과로 인해 식감이 더욱 아삭해진다. 하지만 너무 오래 담그면 풍미와 당분이 손실되므로 주의한다.

PART 1 | 채소 밑손질 방법

2 변색 방지하기

| 감자 | 우엉 | 연근 |

한입 크기로 썰고 담근다.
썰고 바로 물에 담근다.
흰빛을 유지한다. 식초 탄 물에 담가

감자는 껍질을 벗기고 썬 뒤 바로 물에 담근다. 산화되면 거무스름해진다.

우엉은 썰고 바로 물에 담근다. 하얗게 만들려면 식초 탄 물에 담근다.

연근은 통썰기 하고 바로 식초 탄 물에 담근다. 식초에는 하얗게 만드는 효과도 있다.

| 가지 | 사과 |

자르고 바로 물에 담근다.
소금물이나 레몬물에 담근다.

가지는 자른 것을 바로 물에 담근다. 변색을 막고 아린 맛도 뺄 수 있다.

사과는 자르고 바로 물에 담근다. 물에 소금이나 레몬즙을 더하면 효과적이다.

memo
왜 변색될까?
채소나 과일 중에 폴리페놀 혹은 산화 효소가 든 것이 있다. 폴리페놀은 공기와 접촉하면 효소 작용으로 산화하여 멜라닌 색소로 변한다.

3 매운맛 완화시키기

| 양파 | 대파(흰 부분) |

얇게 썰고 물에 담근다.
채썰기 하고 물에 담근다.

양파는 얇게 썰고 물에 담그면 매운 기운이 잦아든다. 날것으로 먹을 때 추천한다.

대파는 가늘게 채썰기 한 뒤 물에 담그면 싱싱해지고 매운맛도 누그러진다.

memo
매운 성분은 수용성이다
양파와 파에 있는 매운맛의 주성분은 수용성인 유황화합물이다. 물에 담그면 자른 단면에서 매운 성분이 녹아나와 매운맛이 완화된다.

건조식품 불리는 방법 철저 검증 ①

Q 말린 표고버섯 불리기, 어느 쪽이 정답?

A 30℃의 미지근한 물에 불린다.

불리는 법
온도가 너무 내려가지 않도록 미지근한 물에 불린다.

B 60℃의 온수에 불린다.

불리는 법
60℃의 온수에 넣어 불린다.

⌄ 30분 담근다.

OK!

미지근한 물에 불리면 수분을 빨리 흡수한다.

빠른 속도

탱탱하게 빨리 불어난다!

⌄ 30분 담근다.

NO!

완전히 불 때까지 시간이 걸릴 것 같다.

잘 불지 않는다!

단시간에 불릴 때는 미지근한 물을 사용한다

말린 표고버섯은 찬물에 5~6시간 흠뻑 적셔 불리는 것이 기본인데, 30℃ 정도의 미지근한 물에 넣으면 30분 만에 불어난다. 여기에 설탕을 넣으면 물의 삼투압이 높아져 더 빨리 불어난다. 반면, 온도가 60℃ 이상인 물에 담그면 열에 의해 겉의 조직이 변하기 때문에 수분 흡수가 어려워져 깔끔하게 불지 않는다.

건조식품 불리는 방법 철저 검증 ②

PART 1 | 채소 밑손질 방법

Q 박고지 불리기, 어느 쪽이 정답?

A 그대로 물에 불린다.

불리는 법
대강 씻고 물에 담근다.

⌄ 10분 담근다.

NO!

잡아당겨도 단단해서 찢기 어렵다.
조리면 더 단단해진다.

딱딱하다!

B 소금으로 비비고 물에 담근다.

불리는 법
대강 씻어서 소금을 치고 비빈 뒤, 소금을 씻어내고 물에 담근다.

⌄ 10분 담근다.

OK!

힘을 주면 찢어진다. 삶으면 더욱 부드러워진다.

살아있는 식감

부드럽게 불어난다!

소금으로 잘 비벼 섬유를 부드럽게 한다

박고지를 불릴 때는 박고지 50g당 1작은술 정도의 소금을 치고 잘 비빈 뒤 물에 담가 불린다. 불리고 난 뒤 조미료에 조린다. 소금에 비벼 세포 겉이 손상되면 조직이 허물어져 말랑하고 부드러워진다. 한편, 그냥 불린 박고지는 단단해서 조릴 때 조미료가 잘 배지 않는다.

건조식품 불리는 방법 철저 검증 ③

Q 콩 삶기, 어느 쪽이 정답?

A 물에 불리고 나서 삶는다.

삶는 법
계절(여름~겨울)에 따라 5~8시간 물에 불린다.

약불에서 40분~1시간 삶는다.

OK!

물에 불리고 나서 삶으면 껍질도 온전하고 잘 불어난다.

먹기 좋다

부드럽게 불어난다!

B 그대로 삶는다.

삶는 법
물에 불리지 않고 그대로 찬물에 넣고 삶는다.

약불에서 40분~1시간 삶는다.

NO!

손으로 눌러도 뭉그러지지 않을 정도로 단단하다.

단단하고 잘 부서진다!

콩은 물을 듬뿍 흡수시켜 불린다

콩은 반드시 물에 불리고 나서 조리한다. 여름에는 5시간, 겨울에는 8시간 정도가 좋다. 빨리 불리려면 물 1컵당 소금 1/3작은술을 더한다. 콩 단백질인 글리시닌은 염분에 잘 녹는 성질이 있어 조금 빨리 불어난다. 수분을 충분히 먹으면 고르게 삶아지고 부드럽게 불어난다.

건조식품 불리는 방법 철저 검증 ④　　　　　　　　　PART 1 | 채소 밑손질 방법

Q 팥 삶기, 어느 쪽이 정답?

A 데친 물을 중간에 버린다.

삶는 법
그대로 찬물에 넣고 삶다가 중간에 물을 한 번 따라 버린다.

≫ 약불에서 1시간 정도 삶는다.

NO!

풍미가 빠져나가 맛이 없다.

／색이 빠져＼
＼푸석푸석하다!／

B 그대로 삶는다.

삶는 법
그대로 찬물에 넣고 삶는다. 중간에 물을 따라 버리지 않는다.

≫ 약불에서 1시간 정도 삶는다.

OK!

빛깔이 선명하고 부드럽게 불어난다. ⓟ풍미

／팥 고유의＼
＼풍미가 남아있다!／

팥은 삶는 물을 따라 버리지 않는다

팥은 콩처럼 물에 불리지 않고 그대로 삶는 것이 일반적이다. 보통 찬물에 넣고 삶는데, 여기서 중요한 것이 삶은 물을 한 번 따라 버릴지 여부이다. 요즘 팥은 아린 맛이 적어 데친 물을 따라 버리면 맛이 빠져나가 팥 고유의 맛이 사라진다. 팥을 가지런히 고른 상태에서 신중하게 삶는 것이 포인트이다.

건조식품 불리는 방법 철저 검증 ⑤

Q 언두부 불리기, 어느 쪽이 정답?

A 미지근한 물에 불린다.

B 끓는 물에 불린다.

불리는 법
봉지에 표시된 대로(미지근한 물에) 불린다.

불리는 법
시판되는 언두부를 끓는 물에 불린다.

≫ 20분 후

≫ 5분 후

OK!

NO!

살아있는 식감

물기를 짜도 모양이 변하지 않는다.

식감은 부드럽지만 모양이 허물어진다. ✕

／부드럽게 불고＼
／ 탄력이 있다! ＼

／너무 부드러워＼
／ 뭉그러진다! ＼

미지근한 물에 푹 담가 표시한 대로 불린다

언두부는 제조사에 따라 다르지만 봉지의 표시된 내용에 따라 불린다. 그러면 손으로 물기를 빼도 모양이 허물어지지 않고, 스펀지처럼 말랑말랑한 식감이 유지된다. 예전에 시판되던 언두부는 끓는 물에 불리기도 했는데, 요즘의 언두부는 미지근한 물에 불리는 것이 일반적이다. 불리지 않고 그대로 조리는 언두부도 있다.

건조식품 불리는 방법 철저 검증 ⑥　　　PART 1 | 채소 밑손질 방법

Q 라이스페이퍼 불리기, 어느 쪽이 정답?

A 미지근한 물에 적신다.

불리는 법
1장씩 미지근한 물에 적셔 불린다.

B 적신 천에 끼운다.

불리는 법
적신 천에 1장씩 끼운다.

≫ 30초~1분 후

≫ 5분 후

NO!

찰싹 달라붙어 예쁘게 말 수 없다.

＼찢어지기도 하고／
／말기 어렵다!＼

OK!

차지지 않고 달라붙지 않는다.

말기 쉽다

＼깔끔하게 불어／
／말기 쉽다!＼

적신 천에 끼워 5분!

라이스페이퍼는 불리는 요령이 있다. 찬물이나 미지근한 물에 적셔 불리는 방법도 있지만, 적신 천에 끼워 불리는 것이 깔끔하다. 물에 불린 것보다는 조금 뻣뻣한 감이 있지만, 속재료를 마는 과정에서 속재료에서 수분이 나와 딱 좋은 상태가 된다. 찬물이나 미지근한 물에 적시면 라이스페이퍼가 달라붙어 속재료를 말기 어렵다.

건조식품 불리는 법 알기

건조식품을
불리는 방법

방법 ①
물에 하룻밤 담근다.
물에 하룻밤 담가 푹 불린다. 감칠맛이 강해지고 풍미가 좋아진다.

빠진 수분을 머금게 한다.

방법 ②
미지근한 물에 담근다.
시간이 없어 빨리 불릴 때에는 미지근한 물에 불려도 된다.

방법 ③
소금으로 비비고 재빨리 삶는다.
박고지는 소금으로 비빈 뒤 재빨리 삶아서 불린다.

건조식품이란?	수분을 줄여 보존성을 높인 것 말린 표고버섯 혹은 무말랭이, 미역, 다시마, 톳, 마른 멸치 등	불리는 이유	싱싱할 때의 수분을 되찾기 위해 수분을 먹여 부드럽게 만들고 조리해 먹기 좋게 한다.

수분이 빠진 상태에서 부드럽게 만든다

건조식품은 수분이 적어 보존성이 높고, 영양성분과 감칠맛이 응축되어 있다. 재료에 따라 불리는 법이 다른데, 찬물 또는 미지근한 물에 담그거나 재빨리 삶는 등 수분을 머금게 하여 부드럽게 만든다. 또한, 불렸을 때 늘어나는 중량도 제각각 다르므로 너무 불어나지 않도록 주의해야 한다. 불리는 시간은 재료의 건조 상태에 따라 다르다.

PART 1 | 채소 밑손질 방법

물에 담그는 것과 담그지 않는 것

재료의 특징에 따라 불리는 방법을 익힌다

재료의 특징에 따라 물에 담가 불리는 것, 물에 담그지 않는 것이 있다. 물에 담가 불리는 것은 말린 표고버섯이나 무말랭이, 박고지, 목이버섯, 미역, 다시마, 톳, 한천, 콩, 당면 등이 있다. 물에 담그지 않는 것은 팥이나 라이스페이퍼, 건조 유바 등이 있다. 특히 팥은 껍질이 단단하다고 해서 오래 담가 두면 여름철에는 물이 발효되기도 한다.

방법	찬물·미지근한 물에 담근다.	찬물·미지근한 물에 담그지 않는다.
적절한 재료	말린 표고버섯, 무말랭이, 박고지, 다시마, 콩, 톳, 한천, 구운 후, 당면 등	팥, 라이스페이퍼, 건조 유바 등

※구운 후
밀가루 반죽의 녹말을 물에 녹여내 추출한 글루텐을 주성분으로하여 응고시킨 요리 재료

콩 불린 물은 어떻게 처리할까?

버리지 않고 이용한다.
아린 맛 빼기 과정이 필요 없는 콩은 불린 물을 버리지 않고 이용한다. 여기에 다시마를 더하면 맑은 국의 육수로 쓸 수 있다.

콩을 불리기 적당한 물의 온도는?

30℃ 정도의 미지근한 물을 이용한다.
건조식품은 보통 찬물에 불리지만, 말린 표고버섯이나 톳 등은 미지근한 물에 불리기도 한다. 30℃의 미지근한 물에서 좀 더 빨리 불어난다.

불리는 법 일람

건조식품편

건조식품은 불리면 중량이 늘어난다. 재료에 따라 불리는 시간이 다르므로 각각 알맞은 시간과 방법으로 불린다.

1 찬물·미지근한 물에 불리기

말린 표고버섯(향신/갓이 70% 정도 피어난 것)

STEP 1

찬물에
5~6시간
》》》
미지근한 물에는
30분

STEP 2

4배

찬물에 5~6시간 담근다. 미지근한 물이면 30분 정도 담근다.

약 4배의 무게로 불어난다.

말린 표고버섯(동고/갓이 덜 피어난 것)

STEP 1

찬물에
하룻밤
》》》
미지근한 물에는
30분

STEP 2

4.5배

찬물에 하룻밤 담근다. 미지근한 물이면 30분 정도 담근다.

약 4.5배의 무게로 불어난다.

무말랭이

STEP 1

찬물에
10~15분
》》》

STEP 2

4배

찬물에 10~15분 담근다.

약 4배의 무게로 불어난다.

PART 1 | 채소 밑손질 방법

박고지

STEP 1

소금으로 비비고
찬물에 10분
»»»
삶아서 10분

STEP 2

소금으로 비비고 찬물에 10분 담근 뒤 투명한 느낌이 날 때까지 10분 정도 삶는다.

약 2배의 무게로 불어난다.

📎 **memo**

미역의 차이

염장 미역은 물에 한 번 씻어 소금을 뺀 뒤에 불리지만, 절단 미역은 소금을 뺄 필요 없이 그대로 뜨거운 국물에 넣을 수 있다.

미역(절단)

STEP 1

찬물에 5분
»»»

STEP 2

1.2배

찬물에 5분 불린다.

약 1.2배의 무게로 불어난다.

미역(염장)

» 물

2.5배

찬물에 10분 담그면 약 2.5배의 무게로 불어난다.

다시마

STEP 1

찬물에 20분
»»»

STEP 2

3배

찬물에 20분 담근다.

약 3배의 무게로 불어난다.

조자 다시마

» 찬물에 10분

2.5배

찬물에 10분 담그면 약 2.5배의 무게로 불어난다.

 memo　　**감칠맛 풍부한 건조식품은 그 불린 물을 이용한다.**

물에 담가도 아린 맛이 나오지 않는 표고버섯이나 다시마는 수용성인 감칠맛 성분이 녹아나오므로 불린 물은 버리지 말고 육수로 이용한다. 육수로 쓸 때는 불순물이 제거되도록 씻은 뒤에 불린다.

새싹 톳

STEP 1

찬물에 20분 담근다.

찬물에 20분 »»»

STEP 2

8.5배
약 8.5배의 무게로 불어난다.

긴 톳

» 물에 30분

4.5배
찬물에 30분 담그면, 약 4.5배의 무게로 불어난다.

각 한천

STEP 1

찬물에 30분 담근다.

찬물에 30분 »»»

STEP 2

5배
약 5배의 무게로 불어난다.

실 한천

» 물에 20분

3배
찬물에 20분 담그면, 약 3배의 무게로 불어난다.

당면(녹두)

STEP 1

미지근한 물에 10분 담근다. 또는 끓는 물 2컵에 200g의 당면을 넣은 뒤, 불을 끄고 5분 둔다.

미지근한 물에 10분 »»»

STEP 2

3.5배
약 3.5배의 무게로 불어난다.

당면(고구마 녹말)

» 미지근한 물에 10분

4배
미지근한 물에 10분 담그면 약 4배의 무게로 불어난다. 또는 끓는 물에 담가 3~4분간 둔다.

PART 1 | 채소 밑손질 방법

목이버섯

STEP 1

찬물에 20분 >>>

STEP 2

7배

찬물에 20분 담근다.

약 7배의 무게로 불어난다.

구운 후

≫ 물에 20분

6배

찬물에 20분 담그면 약 6배의 무게로 불어난다.

콩(대두)

STEP 1

찬물에 하룻밤 >>>

STEP 2

2.5배

찬물에 하룻밤(5~8시간) 담근다.

2.5배의 무게로 불어난다.

memo

콩을 불리는 포인트

잘 씻어서 떠오르는 불순물 혹은 벌레 먹은 콩은 제거한다. 콩은 물에 푹 담그는 것이 중요하다. 물의 양이 적으면 충분히 흡수가 되지 않아 불지 않는다.

2 찬물에 담그지 않고 불리기

건조 유바

STEP 1

적신 천에 10분

STEP 2

2배

적신 천에 끼워 10분간 둔다.

약 2배의 무게로 불어난다.

라이스페이퍼

≫ 적신 천에 5분

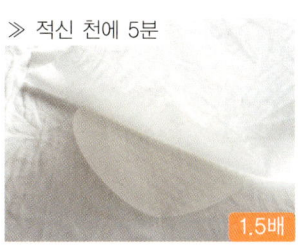
1.5배

적신 천에 끼워 5분간 두면 약 1.5배의 무게로 불어난다.

채소 가는 법 철저 검증 ①

Q 분쇄 기구, 어떻게 다를까?

A 알루미늄 강판

기구의 특징
가벼워서 사용이 편리하다.

B 플라스틱 강판

기구의 특징
밑받이가 달려 있어 사용이 편리하다.

OK!

갈린 모양이 약간 짤막하고 조금 고르지 않다.

매운맛 내기

/ 매운맛! \

OK!

섬유가 남아 있지만 촉촉한 식감이다.

살아있는 식감

/ 딱 좋은 식감! \

기호와 용도에 따라 가려서 사용한다

무는 부위에 따라 맵기가 다르다. 잎이 있는 쪽이 위, 밑의 뿌리 쪽이 아래인데, 위쪽은 달고, 아래쪽은 매운맛이 강하고 섬유도 많아 질기다. 무 갈기는 기호에 따라 기구를 골라 쓰면 된다. 일반 가정에서 쓰는 기구로는 알루미늄 강판, 플라스틱 강판, 세라믹 강판, 푸드 프로세서 등이 있다. 알루미늄 강판은 갈린 모양이

PART 1 | 채소 밑손질 방법

C 세라믹 강판

기구의 특징
무게가 있어 안정감이 있고 갈기 쉽다.

D 푸드 프로세서

기구의 특징
단숨에 갈 수 있어 간편하다.

입 안 느낌이 부드러우며 매끄럽다.

먹기 좋다

\ 부드럽지만 뭔가 부족한 느낌 /

모양과 크기가 고르지 않고, 푸석푸석하다.

빠르다

\ 갈린 입자가 눈에 보인다! /

짤막하고 고르지 않지만 씹는 맛이 있다. 플라스틱 강판은 알루미늄 강판에 비해 섬유는 남아 있지만 입 안에서 촉촉한 느낌이다. 세라믹 강판은 돌기가 조밀하므로 결이 세밀하고 매끄러운 느낌이다. 푸드 프로세서는 모양과 크기가 고르지 않고 덩어리가 남기도 하지만, 오로시소바나 오로시니에는 알맞다. 또한 빠르게 갈 수 있으므로 대량으로 필요한 요리에 이용하면 좋다. 이처럼 기호와 용도에 따라 구별해서 사용한다.

채소 가는 법 철저 검증 ②

Q 와사비 갈기, 어느 쪽이 정답?

A 상어 가죽 강판

기구의 특징
돌기가 조밀해 매끄럽게 갈 수 있다.

B 플라스틱 강판

기구의 특징
투박해서 제대로 갈 수 없다.

OK!

부드럽고 매끈한 느낌이다.

향내기

겉이 매끄럽고
향이 좋다.

NO!

섬유가 남고 팍팍하다.

거칠고,
향이 부족하다.

와사비의 매운 맛과 향은 세포를 파괴하는 것이 중요하다

생와사비를 갈 때 상어 가죽 강판과 같은 돌기가 조밀한 강판을 쓰면 많은 세포를 잘게 허물 수 있다. 세포를 허물면 와사비의 매운 맛과 향을 이끌어낼 수 있다. 반면, 플라스틱 강판과 같은 거친 강판으로는 생와사비 본래의 풍미를 온전히 살릴 수 없으며 매운맛이 나지 않는다. 또한 식감도 거칠어진다.

PART 1 | 채소 밑손질 방법

채소 가는 법 철저 검증 ③

Q 참마 갈기, 어떻게 다를까?

A 플라스틱 강판

기구의 특징
돌기가 성겨서 거슬거슬한 느낌이다.

B 절구

기구의 특징
절구 측면에 문질러대면 부드럽게 갈린다.

목 넘김이 묵직하고 걸쭉하다.

\ 덩어리가 있어 /
\ 거슬거슬! /

점성이 적당하고 크리미하다.

식감

\ 부드럽고 /
\ 매끄럽다! /

수고를 좀 더 들이면 원하는 상태로 걸쭉하게 만들 수 있다

참마 등으로 죽을 쑬 때에는 플라스틱 강판보다 절구로 가는 것이 매끄럽다. 간 뒤에 방망이로 절구 측면에 문질러 바르듯이 섞어주면 세밀하고 매끄럽고 부드럽게 갈린다. 플라스틱 강판을 사용한다면 천천히 꼼꼼하게 가는 것이 좋다.

45

채소 가는 법 알기

채소
갈기

기구 ①
강판
알루미늄제, 플라스틱제 등 종류가 다양하다. 기호나 용도에 따라 가려 쓴다.

채소의 세포를 분쇄하는 것

기구 ③
절구
가는 방법에 따라 거칠기를 조절할 수 있으며, 공기를 머금어 폭신폭신하다.

기구 ②
상어 가죽 강판
돌기가 조밀하므로 많은 양의 세포를 잘게 허물 수 있다.

가는 목적	① 수분을 유지하면서 잘게 만들기 위해	② 매운 맛 혹은 걸쭉함을 내기 위해
	세포 내에 함유된 효소가 밖으로 나와 활성화하며 소화를 돕는다.	와사비나 참마의 경우 세포를 으스러뜨려 매운 맛 혹은 걸쭉함을 낸다.

세포 허물기로 인한 차이

매운 향을 내는 와사비나 생강, 걸쭉함을 내는 참마 등은 세포를 허물어야 재료가 가진 특징이 살아난다. 반대로 무와 순무, 오이 등 수분을 유지하며 세포가 허물어지지 않도록 문질러서 간 재료는, 입 안의 느낌이 매끄러우면서도 영양소를 완전히 섭취할 수 있다.

분쇄 기구는 기호에 따라 가려 쓴다

재료와 용도에 따라 가려 쓴다

분쇄 기구에는 날이 성긴 것과 세밀한 것이 있다. 무와 순무는 식감의 기호에 따라 가려 쓸 수도 있고, 전골 혹은 끓인 음식의 재료, 생선 구이에 더하는 재료 등 요리에 따라 가려 쓸 수도 있다. 매운 성분이나 걸쭉함을 자아내는 데는 돌기가 조밀한 상어 가죽 강판 혹은 절구로 문질러 가는 것이 좋다.

종류	날(돌기)이 세밀하다	날(돌기)이 성기다
분쇄 기구	세라믹 강판 상어 가죽 강판 절구 등	알루미늄 강판 플라스틱 강판 도깨비방망이
특징	날이 세밀한 강판으로 무를 문질러 갈면 입 안의 느낌이 매끄러워진다. 와사비나 생강 등 매운 성분을 내는 재료는 조밀한 강판으로 갈면 매운 맛이 강해진다.	적당히 수분을 머금고 있지만, 입 안의 느낌이 거칠 수 있다. 건더기가 있는 느낌을 선호하는 경우에 적합하다. 도깨비방망이는 전골에 쓰이는 무 혹은 순무를 거칠게 갈 수 있다.

'가는 것'과 '문질러 가는 것'의 차이

분쇄와 마쇄의 차이
세포가 허물어지지 않게 잘게 가는 것을 '분쇄'라고 하고, 세포를 허물며 잘게 만드는 것을 '마쇄'라고 한다.

즙을 낼 때는 날이 성긴 강판을 사용

성긴 것이 즙이 많이 나온다.
생강 등 재료의 즙을 낼 때 날이 성긴 강판으로 갈면 더 많은 양의 즙을 맑게 낼 수 있다.

> 가는 법 일람

채소편

강판으로 세포가 허물어지지 않도록 잘게 힘주어 가는 경우(무, 순무 등), 세포를 허물며 매운 맛 혹은 걸쭉함을 내는 경우(와사비, 참마 등)가 있다.

1 채소 갈기

무

쓸 만큼 자른 뒤에 간다.

무는 요리에 맞게 쓸 만큼 자르고, 껍질을 벗긴 뒤에 간다.

순무

껍질째 간다.

순무는 껍질이 부드러우므로 잘 씻은 뒤 밑동을 잘라내고 껍질째 간다.

양파

섬유결의 직각 방향으로 간다.

양파는 해체되기 쉬우므로 섬유결의 직각 방향으로 간다.

당근

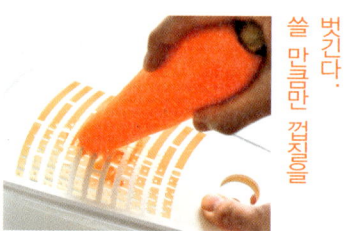
쓸 만큼만 껍질을 벗긴다.

당근은 요리에 맞게 쓸 부분까지만 껍질을 벗기고 간다.

오이

도마에서 소금을 치고 굴린 뒤에 씻고 간다.

오이는 껍질의 풋내 제거를 위해 도마에서 소금을 치고 굴린 뒤에 물에 씻고 간다.

> **memo**
>
> **드레싱에 간 야채**
>
> 간 야채를 드레싱에 넣으면 식이섬유를 온전히 섭취할 수 있다. 단, 공기와 접촉하면 산화하기 쉬우므로 먹기 직전에 가는 것이 좋다.

PART 1 | 채소 밑손질 방법

2 감자류 · 뿌리채소 갈기

참마(강판)

강판으로 간다.

참마는 껍질을 벗긴 뒤 강판으로 간다. 미끄러우므로 천을 두르고 잡아도 된다.

참마(절구)

STEP1 절구로 문질러 간다.

≫

STEP2 방망이로 전체를 고른다.

절구 측면에 참마를 대고 돌리며 문지른다. 적신 천을 깔면 안정적이다.

방망이를 이용해 전체를 고르고 부드럽게 만든다.

감자

껍질을 두껍게 벗긴 뒤 간다.

감자는 껍질을 두껍게 벗기되 눈 주위는 도려내고 간다.

연근

구멍 안을 잘 씻은 뒤 간다.

연근은 구멍 안을 잘 씻고 껍질을 벗긴 뒤, 구멍이 난 면을 밑에 두고 간다.

📎 memo

부드럽게 하는 이유는?

참마는 절구로 간 뒤에 방망이로 갈아주면 세포가 허물어져 더욱 걸쭉해지고 매끄러워지며, 공기를 머금어 더욱 폭신한 식감을 느낄 수 있다.

3 향미채소 갈기

마늘

밑동 부분을 잘라낸다.

마늘은 밑동의 단단한 부분을 잘라내고, 섬유결의 직각 방향이 되도록 잡고 간다.

생강

상처 난 곳과 단단한 부분을 제거한다.

갈려면 세밀한 날의 강판을, 즙을 내려면 성긴 날의 강판을 쓴다.

와사비

상어 가죽 강판으로 간다.

와사비는 불순물과 밑동을 제거한 뒤, 돌기가 조밀한 상어 가죽 강판에 문질러 간다.

채소 삶는 법 철저 검증 ①

Q 감자 삶기, 어떻게 다를까?

A 껍질째 찬물에 넣고 삶는다.

삶는 법
껍질을 벗기지 않고 통째로 찬물에 넣고 삶는다.

B 감자를 잘라 소금물에 삶는다.

삶는 법
물 중량의 0.5% 가량의 소금을 넣고 삶는다.

≫ 20분 후

OK!

시간은 걸리지만 손은 들지 않는다.

간편하다

/ 쫀득한 식감! \

≫ 6~8분 후

OK!

손은 많이 가지만 삶는 시간을 단축할 수 있다.

빠르다

/ 수분이 적어 살살 녹는다. \

선호하는 식감 혹은 드는 수고를 생각하고 삶는 법을 달리한다

감자 삶기는 드는 수고와 시간, 맛 차이를 생각하고 선택하면 된다. 껍질째 통째로 찬물에 넣고 삶는 것은, 자르는 시간은 줄일 수 있으나 삶는 데 오래 걸린다. 그렇게 삶으면 감자다운 맛이 나고 식감이 쫀득하다. 한편, 감자를 잘라서 소금물에 삶으면 수고는 들지만 단시간에 삶아낼 수 있고 담백하고 살살 녹는 맛이 난다.

채소 삶는 법 철저 검증 ②   PART **1** | 채소 밑손질 방법

Q 시금치 삶기, 어떻게 다를까?

A 밑동부터 삶는다.

삶는 법
끓는 물에 뿌리부터 넣는다.

≫ 1~2분 후 찬물에 담근다.

OK!

물기를 짜고 나서 밑동을 가지런히 하는 것이 조금 번거롭다.

보기 좋다

／정성을 담아 만들 때 좋다.＼

B 큼직하게 썰고 나서 삶는다.

삶는 법
끓는 물에 큼직하게 썬 시금치를 넣는다.

≫ 1~2분 후 찬물에 담근다.

OK!

물기를 짜서 그대로 무침에 쓸 수 있다.

간편하다

／간편하고 맛도 있다!＼

영양가는 변하지 않으므로 신경 쓰지 않아도 된다

시금치는 끓는 물에 뿌리부터 넣어서 삶는 것이 일반적이지만, 대강 썬 뒤에 삶아도 영양가와 맛은 변하지 않는다. 옛날부터 내려온 삶는 방법은 고급 요정에서 차리는 나물로 적합하다. 일반 가정에서는 뿌리의 흙을 제거하고 대강 자르고 삶는 것이 간단하고 좋다.

채소 삶는 법 철저 검증 ③

Q 배추 삶기, 어떻게 다를까?

A 끓는 물에 푹 담가 삶는다.

삶는 법
잎과 심으로 잘라 나누고, 심부터 먼저 끓는 물에 삶는다.

≫ 1~2분 후

OK!

시들해지기 쉽다.

/ 수분이 조금 많다. \

B 찐다.

삶는 법
프라이팬에 소량의 물을 넣고 찐다.

≫ 1~2분 후

OK!

식감이 아삭해서 좋다.

맛있다

/ 신선하고 달착지근하다! \

배추와 같은 담색채소는 찌는 방법으로 시간을 절약한다

아린 맛이 적고 변색되지 않는 담색채소는 물 끓이는 시간을 절약할 수 있는 찌기가 간편하고 좋다. 채소를 덮을 정도의 물을 프라이팬에 넣은 뒤 뚜껑을 덮고 불에 올리기만 하면 된다. 프라이팬은 효율적으로 전체를 가열할 수 있어 편리하다. 배추는 잎과 심으로 나눈 뒤 시간차를 두고 넣으면 딱 알맞게 삶아진다.

채소 삶는 법 철저 검증 ④

PART 1 | 채소 밑손질 방법

Q 브로콜리 삶기, 어떻게 다를까?

A 끓는 물에 푹 담가 삶는다.

삶는 법
작은 송이로 나눠 끓는 물에 삶는다.

B 찐다.

삶는 법
프라이팬에 소량의 물을 넣고 찐다.

≫ 3분 후

OK!

초록빛은 선명하나 물컹거리기 쉽다.

／수분이 많고 맛이＼
／빠져나간 느낌이다.＼

≫ 3분 후

OK!

초록빛도 선명하고 식감도 좋다.

맛있다

／알맞은 무르기,＼
／ 진한 맛!＼

증기로 쪄도 맛있게 삶아진다

녹황색채소는 끓는 물에 푹 담가 삶는 것이 기본이지만, 브로콜리는 잘못 삶으면 물러지므로 주의한다. 증기로 찌면 브로콜리의 맛이 깊어지고 적당히 단단함이 유지된다. 끓는 물에 삶는다면 시간을 짧게 한다. 그 밖에 아스파라거스, 꼬투리 강낭콩도 찌는 것이 좋다.

채소 삶는 법 철저 검증 ⑤

Q 연근 삶기, 어느 쪽이 정답?

A 끓는 물에 삶는다.

삶는 법
껍질을 벗긴 뒤, 얇게 반달썰기 하여 끓는 물에 삶는다.

5분 후

NO!

색이 변해 보기 좋지 않다.

／시간이 지나면＼
／거무스름해진다.＼

B 식초를 넣은 끓는 물에 삶는다.

삶는 법
껍질을 벗긴 뒤, 얇게 반달썰기 한 것을 식초 넣은 끓는 물에 삶는다.

5분 후

OK!

변색 없이 깔끔하다.

／시간이 지나도＼
／뽀얗다!＼

보기 좋다

식초를 넣으면 뽀얗고 씹는 맛이 있다

연근의 갈변을 막는 데는 식초 탄 물에 놔두는 것이 효과적이지만, 식초를 넣은 끓는 물에 삶는 것도 좋다. 식초에는 연근을 희게 만드는 효과가 있으며, 공기와 부딪혀도 깔끔한 흰빛이 유지된다. 또한, 연근 특유의 끈끈한 무틴 성분이 식초와의 반응으로 끈끈함이 억제되어 달라붙지 않고 산뜻하고 아삭한 식감이다.

PART 1 | 채소 밑손질 방법

Q 토란 삶기, 어떻게 다를까?

A 끓는 물에 삶는다.

삶는 법
껍질을 벗기고 끓는 물에 삶은 뒤 씻는다.

5분 후

OK!

깊은 맛

토란 특유의 미끈거림도 없어진다.

모서리는 조금
짓무르지만 맛은 그대로!

B 백반을 넣은 물에 삶는다.

삶는 법
껍질을 벗기고 백반을 넣은 끓는 물에 삶은 뒤 씻는다.

5분 후

OK!

보기
좋다

미끈거림도 없고 단단하며 뭉크러지지 않는다.

모서리도 온전하고
겉보기도 깔끔하다!

명반(백반)은 맛의 침투를 방해하는 미끈거림을 해소한다
고급 요릿집에서는 흰빛을 유지하고 뭉크러지지 않게 하기 위해 명반(백반)을 넣고 삶아 미끈거리는 점액을 씻는데, 이렇게 하면 먹음직스러워 보이지 않고 단단해진다. 한편, 그대로 끓는 물에 삶아 점액을 씻어내면 모서리는 조금 짓무르지만 조미료가 잘 배므로 일반 가정에서 하기에 적절하다.

채소 삶는 법 철저 검증 ⑦

Q 일반 풋나물 삶기, 어느 쪽이 정답?

A 채반에 올린다.

삶은 뒤
끓는 물에 삶은 뒤, 채반에 올린다.

B 얼음물에 담근다.

삶은 뒤
끓는 물에 삶은 뒤, 얼음물에 담근다.

5분 후

NO!

수분이 많고 맛이 엷다.

거무스름하고 물컹물컹하다.

5분 후

OK!

시금치 본연의 진한 맛이 난다.

맛있다

선명한 초록빛을 띠고 아삭아삭하다.

찬물에 담가 아린 맛을 빼고 탈색도 막는다

시금치와 같이 아린 맛이 짙은 녹황색채소는 삶고 나서 찬물에 담그면 아린 맛이 빠지고 초록빛이 선명해진다. 아린 맛 성분은 대개 수용성인데, 시금치의 아린 맛 성분인 옥살산은 삶은 뒤 찬물에 노출하면 녹아나온다. 또한, 녹색 성분인 엽록소는 삶은 뒤 고온 상태로 두면 색이 변하므로 찬물에 담가 탈색을 막는다.

채소 삶는 법 철저 검증 ⑧   PART 1 | 채소 밑손질 방법

Q 배추를 삶은 뒤 다음 단계, 어느 쪽이 정답?

A 채반에 올린다.   **B** 얼음물에 담근다.

삶은 뒤
다 삶은 배추를 채반에 올린다.

삶은 뒤
다 삶은 배추를 얼음물에 담근다.

≫ 5분 후 ≫

OK!   NO!

먹기 좋음

선명한 빛깔에 식감도 좋다.   조금 물컹거린다.

\싱싱하고 단맛도 난다!/   \수분이 많고 맛이 엷다!/

아린 맛이 적은 채소는 채반에 올린다

아린 맛이 없는 담색채소는 물에 담그지 않고 채반에 올려 식혀야 싱거워지지 않고 풍미도 달아나지 않는다. 아린 맛이 적은 녹황색채소(브로콜리, 아스파라거스 등)도 마찬가지다. 물에 흠뻑 담그면 싱거워질 뿐 아니라 풍미도 녹아나온다. 적당히 삶아내고 물에 담그지 않는 것이 가장 맛있게 먹을 수 있는 비결이다.

채소 삶는 법 알기

채소
삶기

끓이는 음식 혹은 무침, 나물의 사전 조리용으로 쓰인다.

어떤 조리의 밑손질일까?

끓인 음식
연근 혹은 우엉의 갈변을 막고 토란의 미끈거리는 성분을 없앤다.

무침
각종 나물 무침에 들어가는 재료를 연하게 하고 조미한다.

데침
아린 맛이 강한 풋나물은 삶아서 그 맛을 없애 식감을 좋게 한다.

삶는 이유

① 떫은맛 등의 아린 맛을 제거한다.
요리의 맛을 방해하는 떫은맛 등의 아린 맛 성분을 미리 제거한다.

② 식감을 좋게 하고 색을 선명히 한다.
야채의 섬유를 연하게 만들고 식감을 좋게 하며 색을 선명하게 한다.

떫은맛 등의 아린 맛을 빼고 식감을 좋게 한다

채소는 삶으면 떫은맛 등의 아린 맛 성분이 녹아나온다. 또한, 채소의 섬유가 열에 의해 연해지면서 식감이 좋아진다. 일반 풋나물을 삶을 때, 끓는 물에 푹 담그면 색소 성분인 엽록소가 안정되어 색이 선명하게 유지된다. 연근이나 우엉을 삶을 때는 식초를 넣으면 깨끗하게 유지된다.

채소를 삶는 두 가지 방법

채소의 종류에 따라 삶거나 찐다

채소는 종류에 맞게 삶을 것인지 찔 것인지 구분한다. 아린 맛이 있는 풋나물과 머위는 삶는다. 아린 맛이 없는 배추, 양배추와 같은 담색채소, 그리고 녹황색채소 중에서도 아린 맛이 적은 브로콜리나 아스파라거스는 찌는 것이 좋다. 삶을 때에는 끓는 물에 푹 담가 삶는다.

	삶기	찌기
알맞은 재료	시금치와 쑥갓과 같은 일반 풋나물 및 아린 맛이 강한 머위 등. 또는 초록빛을 유지해야 하는 녹황색채소.	배추와 같은 아린 맛이 없는 담색채소, 브로콜리나 아스파라거스와 같은 아린 맛이 적은 녹황색채소.
특징과 포인트	**아린 맛 제거에 탈색 방지 효과** 미지근한 물에 삶으면 색을 나쁘게 만드는 효소가 작용해 초록빛이 바래므로, 반드시 끓는 물에 재료를 넣는다.	**물을 적게 해서 가열한다** 재료가 잠길 듯 말 듯 물을 넣고, 반드시 뚜껑을 덮고 삶는다. 뚜껑을 덮으면 열이 전체적으로 골고루 전달된다.

삶은 직후에 열 식히는 방법

냉수·얼음물에 담근다.

아린 맛 성분은 물에 담그면 녹아나온다. 온기가 없어질 때까지 담근다.

물에 재빨리 담근 뒤 채반에 올린다.

꼬투리 완두콩 등 아린 맛이 적은 녹황색채소의 초록빛을 유지하고자 할 때 쓴다.

그대로 채반에 올린다.

배추, 양배추, 콩나물류 등 아린 맛이 없는 담색채소는 물에 담그면 싱거워진다.

삶는 법 일람

채소편

삶으면 아린 맛이 녹아나와 맛이 좋아지면서도 연해지기 때문에 조리하기 쉽다.

1 일반 풋나물 삶기

쑥갓

잎 20~30초
줄기 30~40초
↓

잎과 줄기를 잘라 나눈 뒤 줄기를 넣고 30~40초, 잎을 넣고 20~30초 삶는다.

시금치

자른 뒤에 삶는다.

시금치는 큼직하게 자르고 끓는 물에 푹 담가 1~2분 삶는다.

소송채

잎을 넣고 1분
밑동을 넣고 2분
↓

충분히 끓인 물에 밑동을 넣고 2분 정도, 잎을 넣고 1분 정도 삶는다.

청경채

줄기부터 넣고 2분

밑동에 칼집을 내고 끓는 물에 줄기를 2분 정도, 그 뒤에 잎을 넣고 재빨리 삶는다.

---

memo

풋나물은 끓는 물에 푹 담근다.

풋나물에는 변색의 원인인 엽록소가 들어 있다. 엽록소는 산성이 되면 색이 변한다. 끓는 물의 산성도를 낮추려면 충분히 끓인 물에 삶는 것이 좋다.

PART 1 | 채소 밑손질 방법

2 기타 녹황색채소 삶기

아스파라거스

밑동 30초 → 이삭 끝까지 2분

밑손질을 하고 끓는 물에 밑동을 넣고 30초, 이삭 끝까지 넣고 2분 정도 삶는다.

풋콩

소금물을 묻히고 끓는 물에 3분

풋콩 중량의 1~2%의 소금을 치고 비빈 뒤, 소금을 묻힌 상태로 3분 정도 삶는다.

오크라

소금을 치고 뒤적인 뒤 끓는 물에 2분

밑손질한 오크라를 중량의 2%의 소금을 치고 뒤적인 뒤, 소금을 묻힌 상태로 2분 정도 삶는다.

브로콜리

3분간 찐다

브로콜리 높이의 반 정도 되는 물을 넣은 뒤 뚜껑을 닫고 3분 정도 찐다.

당근

잘라서 삶거나 통째로 삶는다

요리 용도에 맞게 자르고 나서 끓는 물에 10~20분 삶는다. 삶고 나서 잘라도 된다.

호박

찬물에 넣고 10분 삶는다

호박이 부드러워질 때까지 찬물에 넣고 10분 정도 삶은 뒤 채반에 올린다.

3 담색채소 · 버섯 삶기

양배추

뚜껑 덮고 2~3분

재료를 덮을 듯 말 듯 정도의 끓는 물에 넣고 뚜껑을 덮어 2~3분 찐 뒤 그대로 채반에 올린다.

배추

심 1분 → 잎을 재빨리 찌기

잘라 나눈 심을 뚜껑을 덮고 1분 정도, 잎을 넣고 1분 정도 찐 뒤 채반에 올린다.

콩나물

30초 삶기 또는 끓는 물 끼얹기

채반에 콩나물을 담고 30초 정도 삶는다. 또는 콩나물 위로 끓는 물을 끼얹는다.

콜리플라워

끓는 물에 1분

끓는 물에 넣고 1분 정도 삶은 뒤 채반에 올린다.

연근

식초를 넣은 끓는 물에 5분

식초를 약간 넣은 끓는 물에 넣고 삶은 뒤, 찬물에 담가 미끈거림을 제거한다. 얇게 통썰기 한 것은 2분, 마구썰기 한 것은 5분 정도 삶는다.

버섯

술로 지지기 또는 끓는 물에 10초

버섯은 삶지 않고 술을 약간 넣고 지진다. 또는 레몬즙과 월계수잎을 넣은 끓는 물에 10초 정도 넣는다.

PART 1 | 채소 밑손질 방법

4 산나물 삶기

죽순(껍질째)

STEP 1

쌀겨를 넣는다! 찬물에 푹 담그고

냄비에 죽순을 넣고, 물을 충분히 넣은 뒤 쌀겨를 조금 넣는다.

STEP 2

찬물에 60분 조림뚜껑을 덮고

조림뚜껑을 덮고 60분 정도 삶는다. 물이 끓을 때까지 센 불로 하다가, 끓으면 중간 불로 한다.

STEP 3

이쑤시개로 찔러서 확인한다.

밑동 부분에 이쑤시개를 찔러서 쑥 들어가면 껍질을 벗기고 물에 씻는다.

죽순(껍질 없는 것)

STEP 1

쌀겨를 넣는다! 푹 잠길 정도의 찬물에

죽순이 푹 잠길 정도의 찬물에 쌀겨를 약간 넣고 껍질을 벗긴 죽순을 넣는다.

STEP 2

끓으면 중불로 60분

쌀겨 넣은 물을 센 불에 놓고, 끓으면 중불로 해서 60분 정도 삶는다.

STEP 3

다 삶아지면 물에 씻는다!

다 삶아지면 죽순에 묻은 불순물과 쌀겨를 물에 잘 씻는다.

머위

STEP 1

소금을 치고 굴린다

잎과 밑동을 잘라내고 냄비에 들어갈 길이로 자른 뒤, 도마에서 소금을 치고 굴린다.

STEP 2

1~2분 소금을 묻힌 채

냄비에 물을 끓이고, 소금을 묻힌 채 1~2분 정도로 약간 되게 삶고 껍질을 벗긴다.

memo

산나물은 아린 맛을 뺀다.

머위는 아린 맛이 강해 날것으로는 못 먹는다. 구입한 즉시 소금물에 데쳐 떫은맛과 아린 맛을 뺀다. 고사리는 탄산수를 넣은 끓는 물에 재빨리 삶는다.

COLUMN

으깨기와 체에 내리기의 차이

'으깨기'는 위에서 압력을 가해 재료의 모양을 허무는 것을 말한다. 감자나 호박으로 담백한 크로켓을 만들려면 굵직하게 으깨 조직을 허물며 연하게 만든다. 마늘 향을 내려면 으깨어 세포를 허문다. 오이나 우엉을 으깨면 살아있는 식감을 즐길 수 있다.

'체에 내리기'는 가는 체와 나무주걱을 사용해 조직과 세포를 풀어가며 부드럽게 하는 것을 말한다. 주로 감자나 호박 등으로 매시드 포테이토나 긴톤과 같은 부드러운 식감의 요리를 만들 때에 체에 내리기를 한다.

감자 으깨기

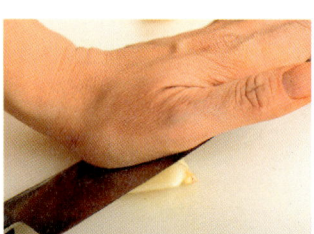
마늘 으깨기

감자를 체에 내리기

PART 2

해산물·육류·달걀·콩·콩제품의 밑손질 방법

꼼꼼한 밑 손질이야말로 맛있는 요리를 만드는 요령이다. 특히 해산물이나 육류, 달걀, 콩, 콩제품 등 단백질 재료는 조금만 신경을 쓰면 맛이 크게 달라진다.

해산물 밑손질 철저 검증 ①

Q 생선 구이의 식감, 어떻게 다를까?

A 소금을 치고 15분 정도 둔다.

굽기 전
굽기 15분 전에 소금을 쳐서 살을 탄탄하게 한다.

▽ 15분 뒤에 그릴에 굽는다.

OK!

적당히 노릇노릇하고 살이 부서지지 않는다.

기호에 따라

\겉은 바삭하고 속은 알차다./

B 굽기 직전에 소금을 친다.

굽기 전
소금을 치고 곧바로 굽는다.

▽ 바로 그릴에 굽는다.

OK!

얼핏 보기에는 비슷하나 살이 부드럽다.

식감이 좋다

\속이 알차다./

소금을 치면 단백질이 응고된다

생선은 굽기 15~30분 전에 소금을 치면 단백질이 응고되며 살이 줄어든다. 그릴로 구우면 겉은 팽팽해지고 속살은 부드럽게 꽉 찬다. 한편, 굽기 직전에 소금을 치면 전체적으로 부드럽게 살이 올라 식감이 좋다. 비린내 차이는 거의 없으니, 기호에 따라 굽는 법을 달리해 보자.

해산물 밑손질 철저 검증 ②

PART 2 | 해산물·육류·달걀·콩·콩제품의 밑손질 방법

Q 생선 잡내 제거, 어떻게 다를까?

A 데치고 냉수에 담가 씻은 뒤 찬물에 넣고 끓인다.

끓이는 법
깨끗이 씻은 서덜을 데친 뒤, 찬물에 넣고 끓인다.

B 바로 찬물에 넣고 끓인다.

끓이는 법
깨끗이 씻은 서덜을 그대로 찬물에 넣고 끓인다.

≫ 데친 뒤에 국을 끓인다.

OK!

≫ 그대로 국을 끓인다.

OK!

비린내가 없고 살이 부서지지 않는다.

／ 국물이 맑고 ＼
／ 깔끔한 맛이 난다. ＼

맑은 국물

국물은 조금 탁하지만 감칠맛이 있다.

／ 씻기만 해도 ＼
／ 충분히 맛있다. ＼

감칠맛

데치지 않고 씻어내기만 해도 잡내를 제거할 수 있다

서덜탕이나 생선 조림을 할 때 생선의 밑손질로서 주로 데치고 냉수에 담가 씻는 과정을 거친다. 끓는 물에 겉살이 닿으면 단백질이 단단해지면서 비린내의 원인인 유분과 피, 미끈거림, 비늘 등이 잘 제거되어 국물에 잡내가 남지 않는다. 단, 맛은 조금 담백해진다. 서덜을 그냥 씻기만 해서 끓인 국물은 조금 탁하기는 하지만 충분히 감칠맛이 난다.

해산물 밑손질 철저 검증 ③

Q 생선회 뜨기, 어느 쪽이 정답?

A 참치 – 두껍게 썬다

써는 법
힘주어 두껍게 썬다.

B 참치 – 얇게 썬다

써는 법
칼을 비스듬하게 눕히듯이 넣어 얇게 썬다.

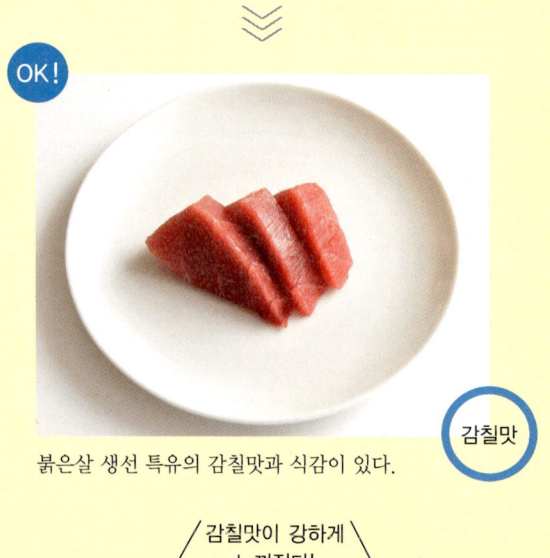

OK!
붉은살 생선 특유의 감칠맛과 식감이 있다.
감칠맛
감칠맛이 강하게 느껴진다!

NO!
붉은살의 감칠맛이 느껴지지 않아 뭔가 부족하다.
맛이 엷다.

생선회는 단백질 차이를 고려해 뜨는 법을 달리한다

생선회 뜨는 법은 붉은 살 생선과 흰 살 생선이 다르다. 붉은 살 생선은 두껍게 썰기, 흰 살 생선은 얇게 썰기가 기본이다.

생선은 검은 살의 양과 색에 따라 3가지로 나뉜다(많은 것=가다랑어, 참치(붉은 살 생선), 적은 것=대구, 가자미, 넙치(흰 살 생선), 중간 것=전갱이, 고등어(등푸른생선)). 붉은 살 생선과 흰 살 생선은 풍미와 육질이 다르므로 조

PART 2 | 해산물·육류·달걀·콩·콩제품의 밑손질 방법

C 도미 – 두껍게 썬다

써는 법
폭 1~2cm 정도로 두껍게 썬다.

D 도미 – 얇게 엇베어 썬다.

써는 법
칼을 비스듬하게 눕히듯이 넣어 얇게 썬다.

식감은 좋으나 조금 질긴 느낌이다.

／탄력은 있으나＼
＼맛을 느끼기 어렵다.／

쫄깃한 식감과 담백한 맛이다.

／식감과 감칠맛＼
＼모두 느낄 수 있다!／

식감이 좋다

리법도 다르다. 붉은 살 생선은 검은 살이 많아 부드러운 것이 특징이다. 얇게 썰면 식감이 떨어지고 두껍게 썰어야 붉은 살 특유의 감칠맛이 살아난다. 한편, 흰 살 생선은 붉은 살 생선보다 결합 조직이 많아 살이 단단하게 수축되어 있어 두껍게 썰면 잘 씹히지 않아 감칠맛을 느끼기가 어렵다. 도미나 넙치 등은 얇게 썰어야 쫄깃한 식감과 담백한 맛이 돋보인다. 또한, 전갱이를 비롯한 등푸른생선은 지나치게 두껍지도 얇지도 않게 엇베어 썰면 된다.

해산물 손질법 알기

해산물의
밑손질

가시와 내장을 제거해 먹기 좋게 만든다.

밑손질 방법

비늘을 벗긴다
단단하고 식감이 나쁜 비늘은 껍질을 까듯이 벗긴다.

내장을 뺀다
내장은 빨리 상하므로 생선이 신선할 때 칼로 내장을 긁어낸다.

씻는다
비늘과 피가 없도록 흐르는 물에 깨끗이 씻어낸다.

밑손질 하는 이유

① 식감을 좋게 한다.
비늘과 가시, 아가미, 잔가시 등을 제거해 식감을 좋게 한다.

② 비린내를 없앤다.
생선 내장은 빨리 상하므로 신선할 때 제거하고 잘 씻어서 냄새를 없앤다.

밑손질로 신선도를 유지하고 냄새를 없앤다

생선은 신선도 유지가 중요하므로 맛있게 먹으려면 신선할 때 바로 밑손질을 해둔다. 비늘과 가시, 아가미 등을 제거하고 내장을 긁어내어 물로 씻는다. 밑손질을 꼼꼼히 하면 식감이 좋아지고 비린내를 잡을 수 있다. 또한, 보존성도 높아져 냉동 보존하기 편리하다.

손질은 요리에 맞게 한다

생선의 크기와 육질은 요리에 따라 달리한다

생선 손질은 두 장 뜨기, 세 장 뜨기, 다섯 장 뜨기, 다이묘오로시(생선의 중간 뼈를 칼로 누르고 단번에 포를 뜨는 손질법), 배 가르기, 등 가르기, 손으로 가르기 등이 있다. 생선의 종류, 크기, 수분 정도를 고려해 요리에 맞게 손질한다. 기본 손질을 알아두면 할 수 있는 생선 요리가 많아질 것이다. 한편, 생선회는 붉은 살 생선과 흰 살 생선을 구분하여 써는 법을 달리하면 맛있게 먹을 수 있다.

손질법	다이묘오로시	세 장 뜨기	손으로 가르기
요리 종류	회, 프라이, 밀가루옷 튀김, 카르파초, 올리브유 구이, 장어 뼈 튀김 등	회, 프라이, 구이, 초절임, 조림, 뫼니에르, 찜 등	프라이, 쓰미레(다진 생선과 파를 혼합해 둥근 빵 모양으로 빚어낸 어묵) 초절임, 꼬치구이, 조린 음식, 빵가루 구이, 마리네 등
알맞은 생선	보리멸, 꽁치, 공미리(학꽁치) 등 작은 생선이나 살이 잘 부서지는 생선	전갱이, 고등어, 꽁치, 방어, 도미 등	정어리 등 잔뼈가 많고 살이 부드러운 생선

생선회 뜨는 법 비교

붉은 살 단백질
참치나 가다랑어 등의 붉은 살 생선은 단백질 성분이 많아 육질이 부드럽다. 두툼하게 칼을 힘 있게 당겨 살을 평평하게 써는 히라즈쿠리, 또는 칼을 똑바로 세워 자르는 히키즈쿠리로 처리하여 식감을 살린다.

흰 살 단백질
도미나 가자미 등의 흰 살 생선은 근원섬유를 구성하는 단백질이 많아 육질이 억세다. 섬유를 끊으며 엇베어 썰거나, 실처럼 가늘게 써는 이토즈쿠리로 처리하여 먹기 좋게 한다.

손질법·써는 법 일람

해산물편

생선은 모비늘과 비늘, 머리, 내장을 제거하는 등 조리하기 전에 손질한다. 생선의 크기와 형태, 용도에 따라 손질 방법이 달라진다.

1 세 장 뜨기(두 장 뜨기)

1 전갱이는 모비늘과 비늘을 제거한다.
꼬리 쪽부터 모비늘을 베어내고 비늘도 제거한다. 반대쪽도 똑같이 제거한다.

2 머리를 잘라낸다.
가슴지느러미 시작점에 칼을 넣고, 반대쪽도 똑같이 해서 머리를 잘라낸다.

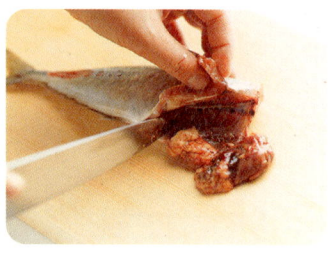

3 내장을 제거한다.
배를 앞으로 보이게 두고 머리를 잘라낸 곳부터 배까지 가른 뒤 내장을 제거한다.

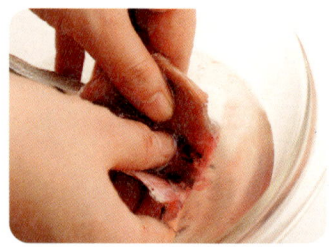

4 물에 씻는다.
뱃속 및 뼈 주변에 있는 피를 받아 둔 물로 씻은 뒤 물기를 닦는다.

5 배에 칼을 넣는다.
배에 칼을 넣고 머리 쪽부터 꼬리를 향해 뼈에 닿는 곳까지 칼자국을 낸다.

6 등에 칼을 넣는다.
등에 칼을 넣고 꼬리부터 머리 쪽을 향해, 등지느러미 위를 지나 칼자국을 낸다.

PART 2 | 해산물·육류·달걀·콩 · 콩제품의 밑손질 방법

7 중간 뼈를 따라 자른다.
  두 장 뜨기 완성!
꼬리에서 중간 뼈를 따라 머리 쪽으로 잘라 나가며 살을 분리한다.

8 뒤집어서 등에 칼을 넣는다.
뒤집어서 등에 칼을 넣고, 머리 쪽부터 꼬리를 향해 6과 똑같이 칼자국을 낸다.

9 배에 칼을 넣는다.
방향을 바꾸어 배에 칼을 넣고 꼬리부터 머리 쪽을 향해 5와 같이 칼자국을 낸다.

10 중간 뼈를 따라 자른다.
7과 똑같이 중간 뼈로부터 살을 분리한다.

11 뱃살 뼈를 엇베어 낸다.
손질한 살은 배 부분을 세로로 왼쪽에 두고, 칼을 눕혀 뱃살 뼈를 엇베어 낸다.

세 장 뜨기 완성!

memo

모비늘이란?
전갱이에 있는 모비늘은 꼬리부터 배에 걸쳐 나 있는 가시를 말한다. 양쪽에 있으며, 날카로워서 잘 먹지 않으므로 전부 제거한다. 초무침용 밑손질로 껍질을 벗길 때는 모비늘을 제거하지 않아도 된다.

2 다이묘오로시

1 모비늘, 비늘을 제거한다.
꼬리부터 모비늘을 베어내고 비늘도 제거한다. 반대쪽도 똑같이 제거한다.

2 머리를 잘라낸다.
가슴지느러미 시작점에 칼을 넣고, 반대쪽도 똑같이 해서 머리를 잘라낸다.

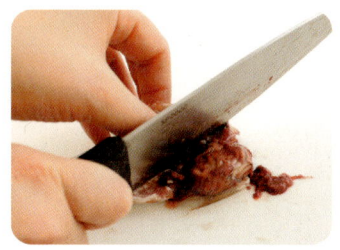

3 내장을 제거한다.
배를 보이게 두고, 머리를 자른 곳부터 배까지 비스듬히 잘라내고 내장을 제거한다.

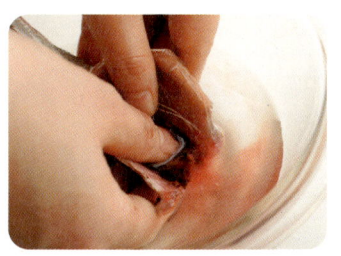

4 물에 씻는다.
받아둔 물에 뱃속 및 뼈 주변에 있는 피를 씻어낸다.

5 물기를 닦아낸다.
물에 씻은 생선은 페이퍼타월 등으로 물기를 닦아낸다.

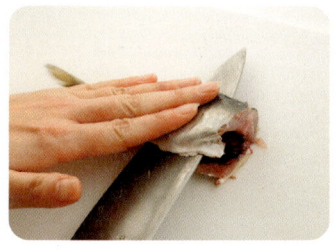

6 살을 잘라낸다.
배를 보이게 두고 머리 쪽부터 꼬리를 향해 뼈 위를 잘라 나가며 살을 분리한다.

7 뒤집어서 살을 잘라낸다.
뒤집어서 등을 보이게 두고 6과 똑같이 뼈 위를 잘라 나가며 살을 분리한다.

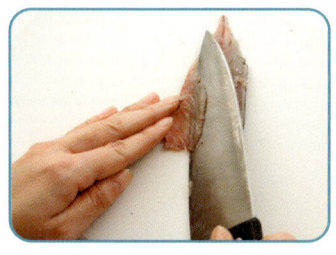

8 뱃살 뼈를 엇베어 낸다.
다이묘오로시 완성!
손질한 살은 배 부분을 세로로 왼쪽에 두고, 칼을 눕혀 뱃살뼈를 엇베어 낸다.

memo

다이묘오로시란?

전갱이나·정어리 등 작은 생선을 손질할 때 쓰는 방법이다. 뼈에 살을 많이 남겨 사치스럽다는 뜻에서 다이묘오로시로 불리게 되었다.

• 다이묘(大名) : 넓은 영지를 가진 무사라는 뜻을 갖고 있다

PART 2 | 해산물·육류·달걀·콩·콩제품의 밑손질 방법

3 통구이(꼬리, 머리 달린 것) 밑손질

1 모비늘, 비늘을 제거한다.
꼬리부터 모비늘을 베어내고 비늘도 제거한다. 반대쪽도 똑같이 제거한다.

2 아가미를 제거한다.
아감딱지를 연 뒤, 칼끝을 찔러 넣고 비틀어 아가미를 제거한다.

3 내장을 긁어낸다.
그릇에 담았을 때 밑이 되는 쪽의 배에 칼자국을 내고 내장을 긁어낸다.

4 물에 씻는다.
받아둔 물에 뱃속 및 뼈 주변에 있는 피를 씻어낸다.

5 물기를 닦아낸다.
물에 씻은 생선은 페이퍼타월 등으로 물기를 닦아낸다.

memo

생선을 손질한 뒤의 보존법
손질한 생선은 물기를 닦아내고 랩으로 감싸 냉장실에서 2~3일 보존한다. 냉동하는 경우에는 얼음물에 한 번 담근 뒤 1장씩 랩으로 감싸 냉동실에서 2~3주 보존한다. 얼음물에 담그면 생선 겉면에 막이 생겨 산화를 막는다.

4 배 가르기   ## 5 등 가르기

1 머리, 내장을 제거하고 씻는다.
p.72의 세 장 뜨기 손질법 1~4와 같이 모비늘, 머리, 내장 등을 제거하고 씻는다.

memo

배 가르기와 등 가르기의 용도 차이

배 가르기, 등 가르기를 할 때는 생선의 종류와 용도를 고려해 선택한다. 전갱이 튀김을 할 때는 배 가르기가 적절하다. 장어 꼬치 구이나 말리는 용도로는 등 가르기가 적절하다.

2 배에 칼을 넣고 가른다.
배에 칼을 넣고, 중간 뼈를 따라 꼬리까지 잘라 나가며 가른다.

2 등에 칼을 넣고 가른다.
반대쪽도 똑같이 등을 자르며 가른다.

3 중간 뼈를 걷어낸다.
꼬리의 시작점부터 중간 뼈를 걷어낸다.

4 중간 뼈, 잔뼈를 제거한다.
배 가르기 완성!
중간 뼈와 살 사이에 칼을 넣어 중간뼈를 얇게 벗겨내고, 뱃살뼈와 잔뼈를 생선가시집게로 제거한다.

4 뱃살 뼈를 엇베어 낸다.
등 가르기 완성!
가른 생선을 세로로 두고 뱃살뼈를 엇베어 내고, 꼬리지느러미는 생선가시집게로 제거한다.

6 손으로 가르기

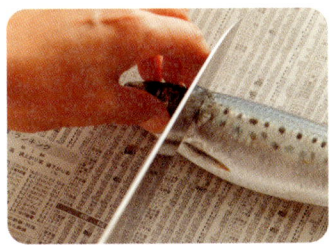

1 머리를 잘라낸다.
가슴지느러미 시작점에 칼을 넣고, 반대쪽도 똑같이 해서 머리를 잘라낸다.

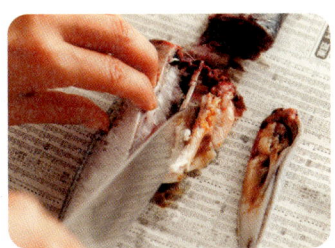

2 내장을 제거한다.
가슴지느러미를 잘라내고 내장을 긁어내 제거한다.

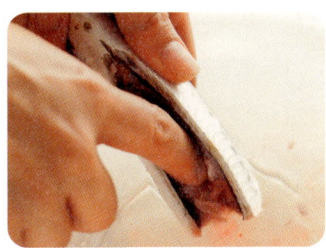

3 물에 씻는다.
그릇에 물을 받고 뱃속과 피, 뼈 주변을 씻고 물기를 닦는다.

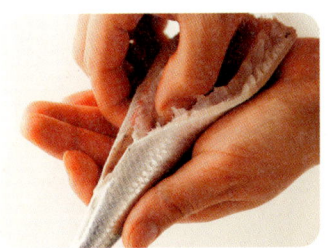

4 중간 뼈를 따라 손가락으로 가른다.
머리 쪽부터 꼬리를 향해 중간 뼈를 따라 엄지로 누르며 갈라 나간다.

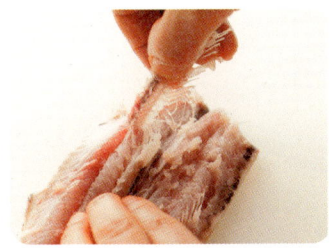

5 중간 뼈를 제거한다.
꼬리 시작점에서 중간 뼈를 들어 꼬리부터 머리 쪽을 향해 중간 뼈를 떼어내 간다.

6 뱃살 뼈를 엇베어 낸다.
손으로 가르기 완성!
가른 살의 양쪽 뱃살뼈를 칼을 눕혀 엇베어 낸다.

---

memo

큰 정어리는 세 장 뜨기 한다.
정어리는 칼을 쓰지 않고 손으로 가르는 것이 먹기 좋다. 손으로 가르면 잔뼈도 같이 제거할 수 있다. 그러나 큰 정어리를 회로 먹을 때에는 살이 부서지지 않도록 칼로 세 장 뜨기 하는 것이 좋다.

7 생선회 뜨기

참치(붉은 살 생선)

편썰기
살덩어리를 몸에 가깝게 도마에 둔 뒤, 칼날을 살덩어리에 대고 당기면서 폭 0.7~1cm로 썬다.

사각 썰기
자른 살덩어리가 육면체가 되게끔 막대 모양으로 썬 뒤, 2cm 크기의 주사위 모양으로 만든다.

memo
초절임이란?
전갱이, 고등어, 정어리 등 등푸른생선을 많이 쓰며, 생선의 단백질을 식초로 응고시키면서 살을 절이므로 장기 보존이 가능하다. 생선을 소금에 절인 뒤 생선가시집게로 중간 뼈를 빼고 식초에 담근다. 껍질은 초절임을 한 뒤에 벗긴다.

도미(흰 살 생선)   전갱이 다지기

엇베어 썰기
칼을 비스듬히 눕힌 채 몸 쪽으로 당기며 썰고, 칼끝을 세워 썰어진 것을 떼어낸다.

잘게 썬 뒤에 다지기
전갱이의 껍질 벗긴 면을 위로 두고, 잘게 썬 뒤에 칼로 다진다.

전갱이, 정어리(등푸른생선)

껍질을 벗기고 뼈를 제거한다.
손질한 것을 머리 쪽부터 꼬리를 향해 껍질을 벗긴 뒤 생선가시집게로 잔뼈를 제거하고 엇베어 썬다.

PART 2 | 해산물·육류·달걀·콩 · 콩제품의 밑손질 방법

8 서덜 밑손질

1 소금을 묻힌다.
서덜 중량의 3% 정도의 소금을 충분히 묻힌다.

2 1시간 정도 둔다.
소금을 묻히고 1시간 정도 놔둬 물기, 비린내, 잡내를 제거한다.

memo

감칠맛을 원한다면 맑은탕이 좋다.
육수 없이 생선의 감칠맛을 그대로 이용하는 맑은탕이다. 도미 등 서덜을 소금 처리하여 데친 뒤, 찬물에 넣고 끓여내는 것이 맛의 비결이다.

3 재빨리 데친다.
냄비에 물을 한가득 끓이고, 서덜을 넣은 뒤 재빨리 데친다.

4 찬물에 담근다.
서덜의 겉살이 희어지면 준비해둔 찬물에 담근다.

5 비늘과 미끈거림을 제거한다.
서덜 밑손질 완성!
담근 물에서 비늘과 미끈거림 등 불순물을 제거하고 채반에 올린다.

79

9 오징어 손질법

1 몸통과 다리를 분리한다.
몸통 속에 손가락을 넣어 내장으로 이어진 힘줄을 벗긴 뒤 몸통에서 다리를 떼어낸다.

2 다리와 내장을 뺀다.
몸통을 꽉 누른 채 먹물주머니가 터지지 않도록 다리를 잡아당겨 내장을 뺀다.

3 껍질을 벗긴다.
몸통의 연골을 제거하고, 물에 씻어 물기를 닦은 뒤 지느러미살 통째로 잡아당겨 껍질을 벗긴다.

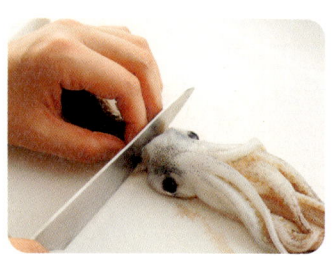

4 내장과 다리를 잘라 분리한다.
눈 위와 내장 사이에 칼을 넣고, 내장과 다리를 분리한다.

5 주둥이, 눈알을 제거한다.
눈과 눈 사이에 세로로 칼을 넣고 갈라 주둥이와 눈알을 제거한다.

6 다리를 잘라 분리한다.
다리 시작점에 칼을 넣어 다리를 분리하고, 다리 길이를 고르게 한다.

7 몸통을 베어 가른다.
오징어 밑손질 완성!
몸통은 세로로 칼질을 해서 가르고, 안쪽의 얇은 껍질과 불순물을 제거한다.

memo
오징어 보관하기
오징어는 내장과 연골을 제거한 뒤, 씻어서 물기를 닦고 저온 냉장 보존한다. 손질한 뒤에 몸통, 지느러미살, 다리로 나누어 얼음물에 담근 뒤에 냉동하면 된다. 냉장은 5일, 냉동은 1개월 정도 보존 가능하다.

PART 2 | 해산물·육류·달걀·콩·콩제품의 밑손질 방법

오징어 껍질 벗기기

STEP 1

껍질을 벗긴다.
몸통의 분리된 부분에서부터 잡아당겨 가며 껍질을 벗긴다.

STEP 2

얇은 껍질을 벗긴다.
남아 있는 얇은 껍질은 마른 천이나 페이퍼타월을 이용하면 쉽게 벗겨낼 수 있다.

memo
오징어 껍질은 네 겹이다?
오징어의 껍질은 4개 층으로 이루어져 있는데, 첫 번째와 두 번째 사이에는 흑갈색 색소가 흩어져 있다. 세 번째는 투명한 껍질이고, 네 번째는 콜라겐 섬유가 세로로 나 있다.

오징어 다리 손질하기

STEP 1
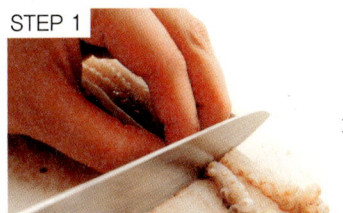
다리를 잘라 고르게 한다.
긴 다리 2개와 나머지 다리 8개의 끝을 같은 길이로 맞춰 잘라서 고르게 한다.

STEP 2
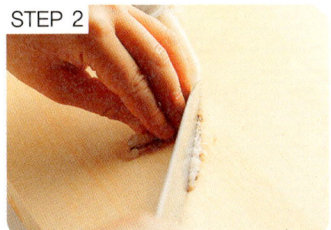
빨판을 떼어 낸다.
단단한 다리 끝 부분과 빨판은 칼로 베어낸다.

memo
빨판은 제거해야 할까?
단단하고 식감이 나쁜 오징어 빨판은 칼로 긁어 제거한다. 페이퍼타월 등으로 감싸고 훑어서 제거하기도 한다.

몸통에 칼집 내기

사선으로 칼집을 낸다.
칼을 수직으로 잡고 사선으로 칼집을 낸다.

격자 모양으로 칼집을 낸다.
칼을 수직으로 잡고 격자 모양으로 칼집을 낸다. 칼을 비스듬히 눕히는 방법도 있다.

memo
칼집을 내는 목적
오징어는 가열하면 껍질 쪽으로 둥글게 말리기 때문에 껍질 쪽에 칼집을 내면 말리는 것을 막을 수 있다. 또한, 칼집을 내면 식감이 연해지고 보기에도 좋다.

81

10 새우 밑손질

내장 제거하기(머리 있는 것)

머리와 함께 제거한다.
머리가 있는 새우는 머리를 꺾듯이 잡아당겨 내장도 같이 제거한다.

내장 제거하기(머리 없는 것)

등에 이쑤시개를 찔러 제거한다.
머리가 없는 새우는 등을 둥글게 잡고 이쑤시개로 내장을 제거한다. 껍질이 있으면 껍질부터 제거한다.

memo
칵테일 새우의 내장 처리는?
등의 줄은 새우의 내장에 해당하는 부위이므로 남겨두면 비려진다. 요즘은 내장이 없는 칵테일 새우도 많지만, 만약 내장이 있다면 제거한다.

껍질 벗기기

머리 쪽부터 벗긴다.
머리 쪽의 다리부터 잡고 살살 돌리면서 벗기면 다리와 함께 제거할 수 있다.

튀김용 밑손질하기(뾰족한 끝 부분 자르기, 꼬리 훑기)

STEP 1

뾰족한 끝 부분, 꼬리 끝을 자른다.
뾰족한 끝 부분과 꼬리 끝을 칼로 잘라낸다.

STEP 2

꼬리를 훑는다.
꼬리를 펴서 꼬리 속의 물을 칼끝으로 훑어낸다. 이렇게 하면 튀길 때 기름이 튀지 않는다.

칼집 내기

배의 힘줄을 자른다.
배의 관절에 칼집을 3~4개 넣고, 등을 손가락으로 눌러 똑바로 편다.

배 가르기

배에 칼집을 낸다.
새우의 배 부분을 위로 놓고, 꼬리에서 머리 쪽을 향해 칼집을 내며 가른다.

memo
칼집을 내는 이유
새우 배의 관절에 같은 간격으로 얕은 칼집을 내고 똑바로 펴서 튀기면 익을 때 말리지 않는다.

PART 2 | 해산물·육류·달걀·콩·콩제품의 밑손질 방법

11 조개류 밑손질

바지락 밑손질

STEP 1

STEP 2

3% 농도의 소금물에 담근다.
바닷물과 비슷한 3% 농도의 소금물에 담그고, 신문지 등을 덮어 어둡게 만든 뒤 3시간 이상 둔다.

모래 제거 후 비벼 씻는다.
모래를 토하게 한 뒤, 조개끼리 비비면서 물에 씻고 불순물을 떨쳐낸다.

재첩 모래 빼기

생수 혹은 묽은 소금물에 둔다.
재첩은 호수에서 채취하므로 생수를 붓고, 바지락과 똑같은 방법으로 모래를 뺀다. 1% 농도의 소금물에 담그기도 한다.

굴 씻기

STEP 1

STEP 2

소금물로 털어내듯이 헹군다.
굴은 주름진 데에 불순물이 많이 쌓여 있으므로 소금물로 잘 털어내듯이 씻는다.

물기를 닦아낸다.
페이퍼타월 등으로 물기를 잘 닦아낸다. 튀김을 할 때는 특히 꼼꼼하게 닦는다.

memo
무즙 이용
무즙에 든 효소가 굴의 단백질을 분해해 미끈거림을 제거한다. 또, 무즙을 쓰면 맛 손실 없이 불순물을 제거할 수 있다.

조갯살 씻기

털어내듯이 헹군다.
조갯살은 채반에 넣고 물을 받아둔 그릇 속에서 털어내듯이 헹궈 불순물을 떨쳐낸다.

memo
모래를 뺄 때 왜 소금의 양이 다를까?
바지락과 재첩은 서식하는 장소가 다르다. 재첩은 해수와 담수가 서로 섞이는 염분 농도 0.3~0.5% 정도인 기수역에, 바지락은 3% 이상의 해수에 서식한다. 서식 환경의 염분 농도보다 조금 진한 농도로 하는 것이 좋다.

83

12 게 손질

1 배딱지를 뺀다.
삶은 게를 배 쪽이 위로 오도록 두고 배딱지를 손으로 뺀다.

2 배에 칼자국을 낸다.
칼끝으로 배 중앙에 등딱지가 잘리지 않도록 칼자국을 낸다.

3 등딱지에서 다리를 뺀다.
다리를 쥐고 잡아당겨 등딱지에서 뺀다. 등딱지의 게장이 남도록 한다.

4 다리를 잘라 떼어 낸다.
다리 시작점의 부드러운 관절 부분에 칼질을 해 조심스럽게 몸통에서 잘라 떼어 낸다.

5 내장 등을 제거한다.
몸통에 붙어 있는 내장과 아가미 등을 제거한다.

6 몸통을 두 동강 낸다.
몸통 단면의 한가운데에 칼질을 해 반으로 가르고 살을 꺼낸다.

7 관절을 꺾어 힘줄을 뺀다.
다리 한가운데의 관절 부분을 손으로 꺾고 잡아당겨 긴 힘줄을 뺀다.

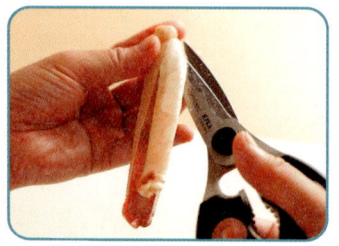

8 가위로 자른다.
게 손질 완성!
다리 끝에서부터 가위로 자른다. 굵은 다리는 칼집을 두 군데 내고 껍데기를 벗긴다.

memo

게의 종류

일본의 식용 게는 다라바 게, 바다참게, 털게가 유명하다. 솔잎게, 에치젠 게는 바다참게인데, 잡히는 장소에 따라 불리는 이름이 다르다.

COLUMN

생선회에 곁들이는 음식

곁들임 음식은 생선회를 화려하게 보이게 할 뿐 아니라 비린내를 해소하고 식감에 변화를 가져오는 등 생선회의 맛을 북돋워준다. 또한 입가심과 소화를 돕는다.

무채
생선회 곁들임에 자주 나온다. 그릇 가장 깊은 곳에 수북하게 담아낸다.

오이채
생선회 곁들임의 일종으로, 연둣빛이 예쁘다.

방풍나물
산형과의 식물로 독특한 향과 은은한 매운 맛이 특징이다. 사진은 갯방풍.

식용국화(소국)
소국은 살균 작용이 있는 데다 곁들이기만 해도 생선회가 화사해진다.

채 썬 양하
양하를 세로로 반 자른 뒤, 심을 빼고 채썰기 하고 물에 담근다.

차조기 꽃이삭
피기 시작한 꽃이삭으로, 보랏빛이 어렴풋이 도는 분홍색이 아름답다.

수료
선명한 적자색이 생선회를 돋보이게 할 뿐만 아니라 냄새도 제거한다.

붉은 차조기 잎
향이 강하고 매실장아찌와 같은 어렴풋한 풍미가 특징이다.

꼬인 당근
비스듬히 잘게 깎아썰기 하여 물에 담근 뒤 젓가락에 만 것이다.

육류 써는 법 철저 검증 ①

Q 육류 채썰기, 어떻게 다를까?

A 섬유를 끊으며 썬다.

써는 법
섬유를 끊으며 가느다랗게 썬다.

⌄ 볶는다.

OK!

볶으면서 고기가 연해진다.

/너덜너덜해지지만\
식감은 부드럽다.

B 섬유결을 따라 썬다.

써는 법
섬유결을 따라 가느다랗게 썬다.

⌄ 볶는다.

OK!

탄력은 없지만 입안에서 수분이 돈다.

/씹히는 맛이 좋고\
맛있어 보인다!

보기 좋다

육류의 섬유는 단단하므로 용도와 연령에 맞게 손질한다

야채와 마찬가지로 육류에도 섬유가 있다. 육류의 섬유는 길고 단단하므로 용도와 먹는 사람의 연령에 맞게 써는 법을 달리한다. 예를 들어 친자오로스(돼지고기 다짐육과 피망 등을 볶아 만드는 일본식 중화요리)의 재료로 가느다랗게 고기를 썰 때는 섬유결을 따라 썰어야 볶았을 때 연해지지 않고 모양이 예쁘다. 어린이나 노약자가 먹기에는 섬유를 끊어서 요리하는 것이 좋다.

86

육류 써는 법 철저 검증 ②

PART 2 | 해산물·육류·달걀·콩·콩제품의 밑손질 방법

Q 간 피 빼기, 어떻게 다를까?

A 우유에 담근다.

담그는 법
간을 물에 휙 씻어내고 우유에 담근다.

B 물에 푹 담근다.

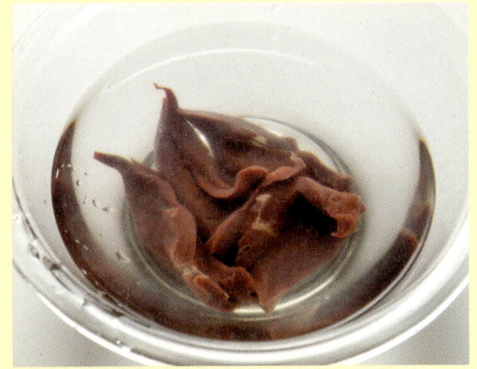

담그는 법
간을 물에 휙 씻어내고 물에 푹 담근다.

10분 후

OK!

간 특유의 냄새가 나지 않는다.

△

\잡내는 잡히지만 물에 넣었을 때와 별 차이 없다./

10분 후

OK!

물에서도 잡내가 거의 잡힌다.

간편하다

\잡내가 충분히 잡힌다!/

간의 잡내는 물로 충분히 잡을 수 있다

물로 씻어도 어느 정도 잡내는 잡을 수 있지만 특유의 냄새를 잘 견디지 못한다면 밑손질을 제대로 해주어야 한다. 예전에는 잡내를 잡기 위해 우유에 담갔는데, 요즘은 간의 선도가 좋아서 물에 푹 담그기만 해도 충분히 냄새를 뺄 수 있다. 따라서 일부러 우유에 담글 필요는 없다.

육류 밑손질 알기

육류
밑손질

칼집을 내어 먹기 좋게 한다.

그 외의 밑손질

간의 피 빼기
간은 조리하기 전에 피를 빼 냄새를 잡는다.

힘줄 끊기
육류의 힘줄은 가열하면 줄어들므로 힘줄에 칼집을 낸다.

잘라서 넓게 펼치기
두툼한 닭가슴살 등은 잘 익도록 평평하게 펼친다.

| 밑손질 하는 목적 | ① 연하게 해 먹기 좋게 만든다.
육류의 섬유를 끊으며 썰면 연해진다. | ② 고기가 줄어드는 것을 막고 잘 익게 한다.
고기를 두드려서 줄어드는 것을 막거나 겉에 구멍을 뚫어 잘 익도록 한다. |

고기를 부드럽게 하고 피비린내를 제거한다

고기의 밑손질은 칼집을 넣고 두드리고 구멍을 뚫는 정도로 생선보다는 덜 번거롭다. 고기를 부드럽게 하려면 고기의 섬유를 끊어내듯이 자른다.

자른 고기는 칼등으로 두드리면 금방 익고, 힘줄을 끊으면 줄어들지 않고 말리는 현상을 막을 수 있다. 간은 피를 확실히 빼야 비린내를 제거할 수 있다.

PART 2 | 해산물·육류·달걀·콩·콩제품의 밑손질 방법

근섬유와 콜라겐의 힘줄을 끊는다

육류의 단백질 성분을 파악하고 먹기 좋게 밑손질한다

고기에는 근섬유와 근육이 모인 단단한 결합 조직이 있다. 이 부분을 질기지 않고 부드럽게 즐기려면 밑손질을 해야 한다. 조리 전에 다짐망치나 칼로 두드려주면 단단한 근육 조직이 파괴되고 고기가 연해져 먹기 좋다.

근섬유와 콜라겐의 힘줄을 끊는다

근섬유를 끊는다

섬유를 끊어 썰면 연해지지만, 가열하면 완전히 풀어져 버리기도 한다.

힘줄을 끊는다

가열로 인해 뒤집히는 현상을 막는다. 두껍게 썬 고기는 4~5군데에 칼집을 내주면 좋다.

다짐망치로 두드린다
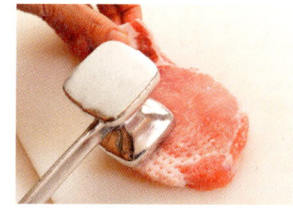
다짐망치로 고기를 두드려 근섬유와 결합 조직을 파괴하면 고기 전체가 연해진다.

간의 피를 뺄 때는 물로 한다

우유가 아니더라도 잡내를 충분히 잡을 수 있다

간에서 잡내가 나는 원인은 안에 쌓인 피와 담즙산 때문이다. 잡내를 제거하려면 덩어리 그대로 넣지 말고, 우선 썰고 나서 물에 푹 담그거나 흐르는 물에 씻는 것이 좋다. 물을 여러 번 갈아주는 것도 중요하다.

물에 푹 담가 5~10분 정도 두고, 가볍게 휘저으며 불순물과 피를 제거한다.

밑손질·써는 법 일람

육류편
육류는 불필요한 지방과 껍질을 제거하고, 힘줄을 끊는 등 밑손질을 하면 조리가 쉽다. 또, 용도에 따라 써는 법을 잘 생각하면 식감이 변화한다.

1 육류 밑손질

닭고기

불필요한 지방을 제거한다.
누런 기를 띤 불필요한 지방은 잡내의 원인이 되므로 칼로 베어 낸다.

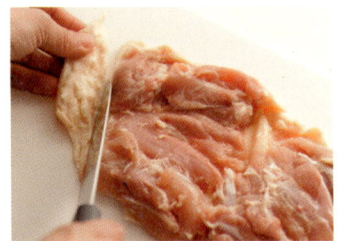

불필요한 껍질을 제거한다.
비어져 나온 불필요한 껍질과 하얀 힘줄, 연골은 칼로 꼼꼼히 제거한다.

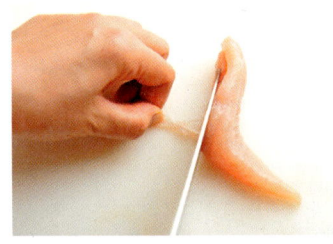

가슴살의 힘줄을 제거한다.
힘줄을 따라 칼집을 내고, 힘줄을 손에 쥐고 칼로 고기를 밀어내면서 살과 분리한다.

껍질에 구멍을 뚫는다.
포크로 몇 군데 찔러 구멍을 뚫는다. 고기가 줄어드는 것을 막고 겉보기에 좋다.

살 부분도 포크로 찌른다.
뒷면도 똑같이 포크로 구멍을 뚫으면 더 잘 익고 맛도 잘 배어든다.

memo

껍질에 구멍을 뚫는 이유
닭고기 껍질에 포크로 여러 군데 구멍을 뚫으면 잘 익고 맛이 잘 배어든다. 또한, 껍질이 줄어드는 것과 뒤집히는 현상을 막는다.

PART **2** | 해산물·육류·달걀·콩·콩제품의 밑손질 방법

돼지고기

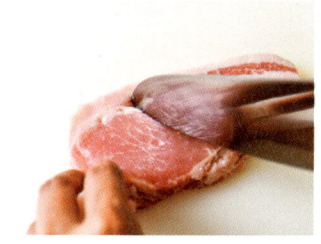

두드리기 ①

두드리기 ②

힘줄을 끊는다.
돼지고기의 비계와 살 사이에 칼집을 내 힘줄을 끊는다. 두께가 있다면 뒷면도 똑같이 한다.

칼로 두드린다.
칼등으로 가볍게 두드리며 편다. 고기가 줄어드는 것을 막으며 잘 익게 한다.

다짐망치로 두드린다.
다짐망치는 무게감 있고 면적이 넓은 것이 편리하다. 빈병을 이용하기도 한다.

쇠고기

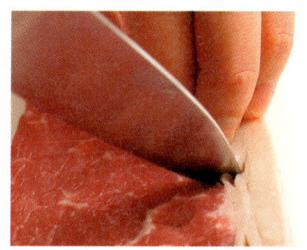

힘줄을 끊는다.
쇠고기의 비계와 살 사이에 칼집을 내 힘줄을 끊는다. 고기가 줄어들고 뒤집어지는 것을 막는다.

스테이크 고기는 실온에 둔다.
30분 정도 실온에 둔다. 겉과 속의 온도차가 없어져 균일하게 익는다.

memo

힘줄의 주성분은?
육류의 힘줄은 단단한 섬유 모양의 단백질인데, 주성분은 콜라겐이다. 콜라겐은 가열하면 줄어들기 때문에 힘줄을 끊어준다.

memo

육류의 근섬유와 결합 조직
육류는 근내 세포인 근섬유와 그 근섬유를 묶는 결합 조직의 막으로 구성되어 있다. 결합 조직의 주성분은 콜라겐인데, 결합 조직의 양이 많을수록 육질은 단단하다. 근섬유의 굵기가 고기의 부드러운 정도를 결정한다. 근섬유가 굵게 불거져 있으면 결이 거칠고, 가늘면 결이 미세하다. 이는 동물 간의 운동량 차이에 따라 다르다.

2 육류 썰기

닭고기

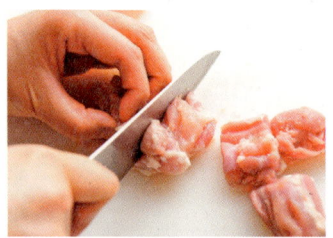

3cm 크기로 썬다.
껍질을 밑에 두고 3cm 정도의 한입 크기로 썬다. 튀김이나 백숙으로 쓰인다.

가슴살을 엇베어 썬다.
칼을 눕혀 몸 쪽으로 베듯이 썬다. 표면적이 넓어 잘 익는다.

memo

껍질 부분을 밑에 둔다
닭고기는 껍질을 위에 두면 잘 썰리지 않고 껍질이 벗겨지는 경우가 있다. 껍질이 붙은 닭고기는 껍질을 밑에 두고 썰면 수월하다.

얇게 썬 고기

폭 3cm로 썬다.
잘 펼친 뒤 폭 3cm 정도로 큼직하게 썬다. 야채 볶음이나 끓이는 요리 등에 쓰인다.

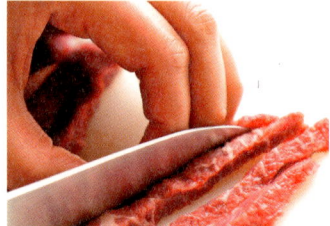

잘게 썬다.
가장자리부터 폭 6~7mm로 잘게 썬다. 친자오로스와 같은 볶음 요리에 쓴다.

memo

가장자리를 펼치고 썬다
얇게 썬 고기는 썰기에 따라 찢어지기도 한다. 접힌 부분이 있는 것은 가장자리를 펼치고 썰면 깔끔하다.

두껍게 썬 고기

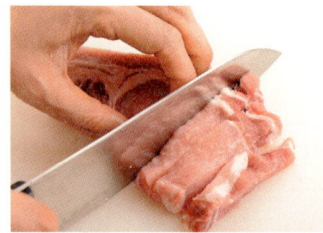

폭 1cm로 썬다.
두껍게 썬 등심용 고기는 섬유를 끊으며 폭 1cm로 썬다. 볶음 요리에 쓰인다.

덩어리 고기

반으로 자른다.
냄비나 프라이팬에 들어가지 않으면 반 정도로 자른다. 수육이나 구이로 쓰인다.

폭 2cm로 썬다.
가장자리부터 폭 2cm 정도로 썬다. 돼지고기 조림이나 동파육과 같은 끓이는 요리에 쓰인다.

3 내장 밑손질

간

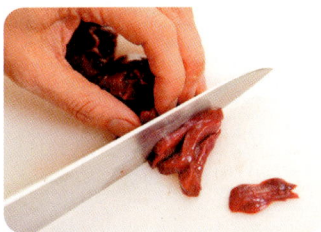

1 간을 썬다.
요리에 맞게 간을 썬다. 폭 5mm 정도로 얇게 써는 것이 쓰기 편하다.

2 물에 담근다.
간 썬 것을 물에 10분 푹 담가 피와 냄새를 뺀다.

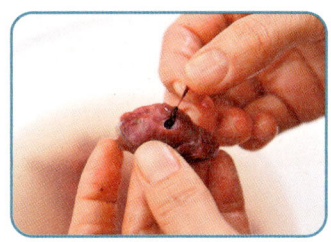

3 불순물을 제거한다.
핏덩어리나 불순물이 있으면 꼼꼼히 제거한다.

닭 모래주머니

1 모래주머니를 둘로 나눈다.
모래주머니 한가운데에 칼을 넣고 두 개로 나눈다.

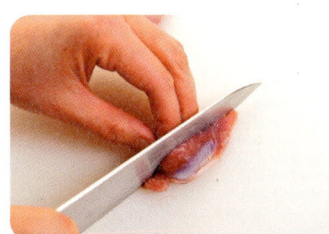

2 세로로 반 자른다.
혹처럼 불어올라 있는 곳을 세로로 반 자른다.

3 살의 끝 면을 칼질한다.
살과 껍질의 경계면에 칼을 넣고 살을 깎아내듯이 잘라 나간다.

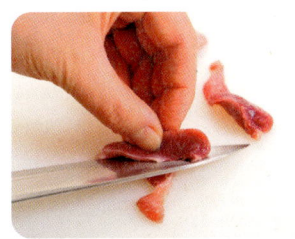

4 잘라 떼어낸다.
살과 껍질을 잘라 떼어내고, 반대쪽도 똑같이 살을 깎아내듯이 껍질을 잘라 떼어낸다.

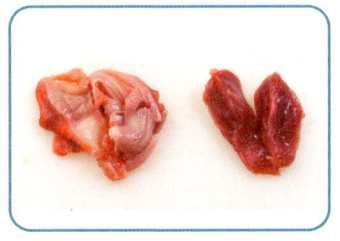

모래주머니 밑손질 완성!
껍질(왼쪽)은 잘게 썰어 끓인 요리에, 살(오른쪽)은 볶음 요리에 쓴다.

memo

밑손질은 한꺼번에 한다
내장 밑손질은 한꺼번에 한다. 특히 모래주머니는 시간이 걸리므로 한꺼번에 모아 손질해서 보존하면 편리하다.

육류 삶는 법 철저 검증 ①

Q 덩어리 고기 삶기, 어느 쪽이 정답?

A 찬물에 넣고 삶은 뒤, 그대로 식힌다.

삶는 법
돼지고기는 향미채소와 함께 찬물에 넣고 천천히 가열하여 40분 정도 삶는다.

≫ 40분 삶는다.
삶은 물에 담근 채 그대로 식힌다.

촉촉하고 탄력도 있다.

식감이 좋다

\촉촉하고 육즙이 있다!/

B 끓는 물에 넣고 삶은 뒤 곧바로 채반에 올린다.

삶는 법
끓는 물에 고기와 향미채소를 넣고 40분 정도 삶는다.

≫ 40분 삶는다.
곧바로 채반에 올려 식힌다.

수분이 빠져 팁팁하다.

\거칠고 질기다./

찬물에 넣고 천천히 가열하여 살이 줄어드는 것을 방지한다

덩어리 고기를 삶을 때는 찬물에 넣고 약한 중불로 천천히 가열하여 속까지 푹 익힌다. 화력이 너무 세면 겉살이 줄어들고 단단해진다. 삶은 뒤에는 삶은 물에 담근 채 식히면 고기가 식을 때 삶은 물을 흡수하면서 너무 줄어들지 않고 촉촉해진다. 하지만 지나치게 오래 삶으면 고기가 단단해지므로 주의한다.

육류 삶는 법 철저 검증 ②

PART 2 | 해산물·육류·달걀·콩·콩제품의 밑손질 방법

Q 얇게 썬 고기 삶기, 어느 쪽이 정답?

A 센 불에 단숨에 삶는다.

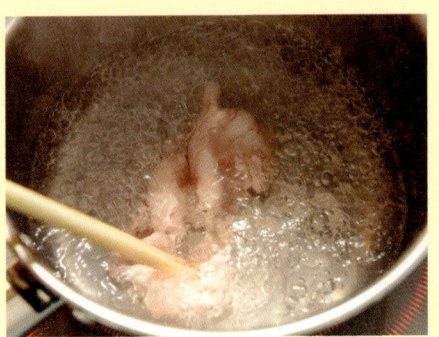

삶는 법
펄펄 끓는 물에 삶는다.

≫ 1~2분 후

NO!

고기가 줄어들어 단단하고 퍼석한 식감이다. ✕

＼육즙이 없고 단단하다!／

B 약불에 은근히 삶는다.

삶는 법
끓는 물에 은근히 삶는다.

≫ 1~2분 후

OK!

연하고 야들야들한 식감이다.

식감이 좋다

＼육즙이 있어 부드럽다!／

은근하게 끓는 물에 재빨리 삶아 부드럽게 한다

육류의 단백질은 65℃에서 응고가 시작되므로 물 온도가 높으면 순식간에 근섬유가 줄어들어 육즙이 빠져나가 버린다. 얇게 썬 고기는 약불에서 조심조심 재빨리 삶는다. 물 온도가 낮으면(65℃ 정도) 근섬유가 줄어드는 속도가 느려져서 부드러워진다. 냉샤브는 얼음물에 너무 오래 담그면 단단해지므로 재빨리 담갔다가 꺼낸다.

95

해산물 삶는 법 철저 검증 ①

Q 참치 삶기, 어느 쪽이 정답?

A 끓는 물에 담갔다가 꺼낸다.

삶는 법
겉이 흰빛이 돌 때까지 끓는 물에 재빨리 담갔다가 꺼낸다.

20초 후

OK!

겉은 하얗고 속은 적홍색을 띤다.

감칠맛

/속살은 레어 상태로,\
감칠맛이 느껴진다.

B 1분간 삶는다.

삶는 법
끓는 물에 넣고 속까지 삶는다.

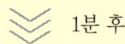
1분 후

NO!

너무 오래 삶으면 속까지 하얘지고 단단해진다.

✗

/퍼석퍼석하고\
맛도 없다.

끓는 물에 재빨리 담가내 맛을 붙잡는다

참치는 대구나 도미와 달리 완전히 삶지 않는다. 너무 오래 삶으면 퍼석퍼석하고 맛도 빠져 버리므로, 참치는 겉만 재빨리 담가내는 정도로 삶아내는 것이 좋다. 살이 부드러워서 겉면을 약간 굳히면 맛을 붙잡을 수 있고, 겉의 흰빛과 단면의 적홍색의 대비가 아름답고 식감도 좋다.

PART 2 | 해산물·육류·달걀·콩·콩제품의 밑손질 방법

Q 오징어 삶기, 어느 쪽이 정답?

A 1~2분 삶는다. **B** 10분 삶는다.

삶는 법
단시간에 재빨리 삶는다.

삶는 법
끓는 물에 완전히 삶는다.

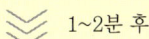 1~2분 후 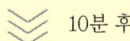 10분 후

OK!

삶은 뒤에는 찬물에 담그고, 물기를 잘 뺀다.

식감이 좋다

/연하고 맛있다!\

NO!

너무 오래 삶아 살이 줄어들고 색이 변한다. ✕

/단단하고 질기다.\

재빨리 겉을 가열하고 속은 반숙 상태로 만든다

오징어나 문어를 익힐 때는 단시간에 가열한다. 너무 오래 가열하면 살이 줄어들고 고무처럼 단단해진다. 재빨리 삶아 겉의 빛이 변할 즈음 불을 끄고, 속은 반숙 상태로 해서 먹는다. 삶은 뒤에 찬물에 담그면 남은 열로 인해 살이 수축되는 것을 막을 수 있다. 물컹거리지 않도록 물기를 잘 빼는 것도 중요하다.

육류·해산물 삶기

삶는 조리법은?

덩어리 고기 삶기
천천히 끓어오른 물에 닭고기는 20분 정도, 돼지고기는 1시간 정도 삶는다.

생선 삶기, 데치고 냉수에 담가 씻기
겉의 색이 변할 만큼 가열하고, 바로 냉수에 담근 뒤 물기를 뺀다.

샤브샤브
헹구어 내듯이 단시간에 삶으면 퍼석거리지 않고 연하다.

단백질을 응고시킨다.

삶는 이유

① 단백질을 응고시킨다.
식감과 풍미, 맛이 변해 맛있어진다.

② 지방과 잡맛을 뺀다.
불필요한 지방을 없애거나 잡맛을 제거할 수 있다.

지방과 잡맛을 제거하면서 익힌다

육류나 해산물을 삶으면 지방과 잡맛이 떠오른다. 잡맛의 성분은 주로 단백질인데 가열하면 응고되므로, 어느 정도 모이면 건져낸다. 화력이 세면 잡맛이 국물 속에 녹아 버리므로 천천히 끓어오르는 정도(85~90℃)로 가열하는 것이 요령이다. 그리고 돼지고기는 기생충의 위험이 있으니 완전히 익히는 것이 좋다.

단백질이 응고되는 온도 알아두기

육류 · 해산물의 단백질을 알고, 먹기 좋게 밑손질한다

육류나 해산물은 각각 단백질이 응고되는 온도가 다르다. 육류는 65℃, 해산물은 40~60℃가 적당하다. 육류는 화력이 너무 세면 근섬유가 줄어들어 육즙이 유출되면서 단단해진다. 끓는 물의 온도가 낮을수록 연하게 삶아진다. 해산물은 육류보다 낮은 온도로 삶는다. 특히 오징어나 문어는 너무 오래 삶으면 단단해지고 식감이 나빠진다.

육류 · 해산물이 응고되는 온도

육류 (쇠고기·돼지고기·닭고기)	생선 (방어·고등어)	해산물 일반 (오징어·문어)
65℃	40~60℃	40~60℃

육류·해산물을 부드럽게 만드는 요령

천천히 가열한다.

천천히 가열해 나가고 펄펄 끓이지 않는 것이 중요하다.

끓는 물에 재빨리 익힌다.

샤브샤브나 일반 해산물은 끓는 물에 담가 겉만 살짝 익힌다.

덩어리 고기는 삶은 물에 놔둔다.

삶은 물에 담근 채 식히면 고기가 심하게 줄어들지 않고 촉촉해진다.

삶는 법 일람

육류·해산물편

미리 데치기, 가볍게 헹구기, 데친 뒤 냉수에 담가 씻기 등 다양하다. 재료와 요리에 맞게 맛있게 삶는 법을 알아두자.

1 육류 삶기

닭고기(일본식 삶은 닭 요리)

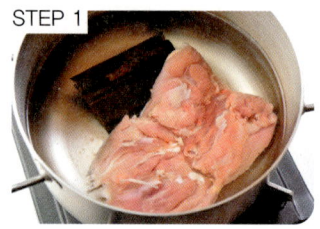

STEP 1

찬물과 다시마를 넣고 불에 올린다.

일본식 삶은 닭의 경우, 냄비에 닭고기, 다시마를 넣고, 찬물을 내용물이 잠길 정도로 넣고 센 불에 올린다.

STEP 2

잡맛이 엉기는 것을 건져내며 20분 정도 삶는다.

물을 끓으면 약불로 줄이고, 잡맛을 제거하면서 2분 정도 삶는다.

STEP 3

그대로 식힌다.

다 삶아지면 바로 꺼내지 않고 그대로 식도록 둔다.

돼지고기 덩어리(수육)

찬물에 넣고 삶는다.

냄비에 고기, 파의 초록 부분, 생강 등을 넣고, 내용물이 잠길 정도로 찬물을 넣고 1시간 정도 삶는다.

얇게 썬 돼지고기

얇게 썬 돼지고기

끓기 직전(90℃)에 넣고, 겉의 색이 변하면 바로 건져낸다.

memo

삶은 물은 버리지 않는다

삶은 물은 다시마 육수와 닭 육즙이 녹아나온 것인데, 이것으로 진한 수프를 만들 수 있다. 식힌 뒤에 겉에 엉긴 기름을 제거하고 한 번 걸러 사용한다.

PART 2 | 해산물·육류·달걀·콩·콩제품의 밑손질 방법

2 해산물 삶기

생선

겉면을 굳힌다.
끓는 물을 끼얹으며 겉면을 굳힌다. 맛이 달아나지 않고 식감차가 느껴진다.

데치고 찬물에 담가 씻는다.
겉을 굳히는 정도로 재빨리 끓는 물에 담갔다가 꺼낸다. 미끈거림과 냄새 등을 제거한다.

memo

끓는 물에 살짝 데치기
끓는 물에 담갔다가 꺼내서 재료의 겉살만 익히는 것으로, 비린 맛 혹은 겉의 기름기를 제거할 수 있다.

오징어

STEP 1

썬 뒤에 넣는다.
통썰기 등 요리에 맞게 썬 뒤에 끓는 물에 넣는다.

STEP 2

재빨리 삶는다.
너무 오래 삶으면 단단해지므로 1~2분 정도 삶고 꺼낸다.

memo

냉동 오징어는 그대로 삶는다
냉동 오징어는 흐르는 물로도 간단히 해동할 수 있지만, 언 상태로 삶을 수도 있다. 단, 너무 오래 삶으면 살이 단단해지므로 주의한다.

새우

껍질째 삶는다.
새우는 살이 잘 줄어들므로 등의 내장을 제거하고 껍질째 삶는다.

이쑤시개를 찌르고 삶는다.
요리에 맞게 새우 등을 꺾거나 편 상태에서 이쑤시개를 찔러 고정시키고 삶는다.

memo

껍질째 삶는 이유는?
껍질째 그대로 삶아야 살이 덜 줄어들고 껍질을 벗기기도 쉽다. 단, 너무 오래 삶으면 살이 단단해지므로 주의한다.

콩제품 밑손질 철저 검증 ①

Q 두부 물기 제거, 어떻게 다를까?

A 천에 감싸 누름돌로 눌러준다.

물기 제거 방법
천이나 페이퍼타월에 감싸고 부서지지 않을 정도로 물건을 올려둔다.

∨ 30분~1시간 둔다.

OK!

모양은 그대로, 물기가 제거되었다.

식감이 좋다

／물기 약 50g 제거!＼

B 손으로 떼어내어 끓는물에 삶는다.

물기 제거 방법
적당한 크기로 떼어낸 두부를 끓는 물에 3분 정도 삶고, 채반에 올린다.

∨ 3분 후

OK!

수분이 쫙 빠져 있다.

간편하다

／물기 약 70g 제거!＼

만드는 요리에 따라 물기 제거 방법을 달리한다

두부의 물기를 제거하는 이유는 두부에서 나온 수분으로 인해 싱거워지는 것을 막기 위해서이다. 청결한 천에 감싸 눌러주며 물기를 제거하면, 시간은 걸리지만 두부의 부드러운 식감을 살릴 수 있기 때문에 나물이 들어간 두부 무침에 좋다. 또한, 조금씩 떼어내어 끓는 물에 삶는 방법은 풍미는 조금 떨어지지만, 단시간에 가능하고 위생적이므로 급식과 같이 많은 양을 조리할 때 주로 쓰인다.

콩제품 밑손질 철저 검증 ②   PART 2 | 해산물·육류·달걀·콩·콩제품의 밑손질 방법

Q 유부 사용법, 어떻게 다를까?

A 기름을 제거하고 쓴다.

사용법
끓는 물을 끼얹어 기름을 빼고, 긴 직사각형으로 자른다.

≫ 미소된장국에 넣는다.

OK!

기름이 제거되어 담백하게 완성됐다. △

／산뜻한 풍미!＼

B 기름을 제거하지 않고 쓴다.

사용법
그대로 긴 직사각형으로 자르고, 미소된장국에 넣는다.

≫ 미소된장국에 넣는다.

OK!

떠오른 기름기를 떠내면 담백하게 즐길 수 있다.

간편하다

／기름은 뜨지만 감칠맛이 남는다!＼

기름 냄새가 마음에 걸린다면 끓는 물에서 기름을 제거한다

일반적으로 유부는 기름을 제거하고 쓴다고 알려져 있는데, 이는 오래된 기름으로 튀기던 옛날에나 있던 이야기다. 요즘은 새 기름으로 튀겨 기름을 제거할 필요가 없다. 단, 요리에 기름이 뜨지 않게 하려면 끓는 물을 끼얹어 기름을 제거하면 된다. 유부초밥을 촉촉하게 만들려면 삶아서 기름을 제거한 뒤에 사용한다.

콩·콩제품 밑손질 알기

콩·콩제품
밑손질 알기

아린 맛과 수분을 제거하여 먹기 좋게 한다.

밑손질 종류

콩 삶기
콩이나 팥, 검은콩 등 말린 콩을 삶아 부드럽게 한다.

두부 물기 제거
천에 감싸고 물건을 올려둔다. 또는 조금씩 떼어내어 끓는 물에 삶아 수분을 빼기도 한다.

유부 기름 제거
끓는 물을 고르게 끼얹는다. 또는 페이퍼타월로 기름기를 흡착시킨다.

밑손질 목적	① 삶아서 부드럽게 한다.	② 수분을 빼고 조리에 사용한다.
	콩과 팥은 삶으면 부드러워진다. 가열하면서 아린 맛이 빠진다.	두부는 약 90%가 수분이다. 나물 두부 무침 등은 수분을 빼고 조리하지 않으면 싱거워진다.

콩은 불리고 나서 삶고, 콩제품은 수분을 뺀다

일반적으로 말린 콩, 검은콩은 물을 흡수시키고 나서 삶는다. 단, 팥과 렌틸콩, 흰 강낭콩은 흡수시키지 않고 그대로 삶는다. 콩과 흰 강낭콩은 아린 맛이 강하므로 아린 맛 빼기는 세심하게 한다. 또한, 검은콩에 든 단백질 글리시닌에는 소금물에 녹는 성질이 있으므로, 간장 탄 물에 불린 뒤 그 상태로 익히면 빠르게 부드러워진다.

PART 2 | 해산물·육류·달걀·콩·콩제품의 밑손질 방법

물기 제거, 기름 제거가 필요한 이유

완성된 요리를 상상하고 적절하게 밑손질한다

두부와 유부는 요리에 따라 물기 제거 혹은 기름 제거가 필요하다. 두부를 굽거나 지지는 요리의 경우, 물기를 확실하게 제거하는 것이 중요하다. 두부에서 수분이 나오면 요리가 싱거워진다. 또한, 유부와 두부튀김은 기본적으로 기름을 제거할 필요가 없지만, 유부초밥에 쓰는 유부를 익힐 때에는 기름을 제거하면 산뜻한 식감을 즐길 수 있다.

두부의 물기 제거 방법	페이퍼타월로 감싸고 물건을 올려둔다	조금씩 떼어내어 잠시 채반에 둔다	삶아서 물기를 제거한다
	페이퍼타월이나 천으로 감싸고 물건을 올린 채로 30분~1시간 둔다. 약 50%의 수분이 빠진다.	떼어낸 두부를 채반에 올리고 20분 정도 둔다. 어느 정도 수분이 있어도 되는 요리에 사용한다.	끓는 물에 두부를 떼어내어 넣고, 3분 정도 삶은 뒤 채반에 올린다. 또는 전자레인지에 3분 정도 가열해도 된다.
요리	두부 스테이크, 두부 햄버그스테이크 등	끓인 음식, 냄비 요리 등	나물 무침, 두부채소볶음 등

기름 제거는 필요할까? 필요 없을까?

미소된장국

필요 없다

미소된장국에 쓰는 경우, 기름은 제거하지 않아도 된다. 기름이 조금 뜨면 기호에 따라 건져낸다.

구울 때

필요 없다

기름을 제거하지 않고 그대로 구우면 더 구수해진다. 기름을 빼지 말고 굽는다.

조릴 때

필요 하다

유부초밥용 기름을 제거하면 촉촉하게 익는다.

삶는 법·밑손질 일람

콩·콩제품 편

콩은 종류에 따라 삶는 법이 다르므로 맛있게 삶는 요령을 알아두자.
두부도 요리에 따라 물기 제거하는 방법이 다르다.

1 콩 삶기

콩

STEP 1

불린 콩을 삶는다.
콩은 찬물에 불리고, 불린 물 그대로 센 불에 올려 부글부글 끓으면 불을 줄인다.

≫

STEP 2

아린 맛을 뺀다.
넘치지 않을 정도의 약불로 아린 맛을 빼며 40분~1시간 삶는다.

≫

STEP 3

물을 더 붓는다.
삶은 물을 콩을 덮을 만큼 더 붓는다.

렌틸콩

불리지 않고 끓는 물에 삶는다.
불릴 필요 없다. 가볍게 물에 씻고, 콩의 약 3배량의 끓는 물에 15분 정도 삶는다.

팥

불리지 않고 그대로 삶는다.
냄비에 팥과 덮일 정도의 물을 넣고, 센 불에 올린다. 끓은 뒤에는 조심조심 삶는다.

필요 없다

삶은 물을 버리지 않고 익힌다.
팥은 아린 맛이 적어 삶은 물을 버리면 풍미가 날아가 버린다.

PART **2** | 해산물·육류·달걀·콩·콩제품의 밑손질 방법

2 두부 물기 제거

물기 제거 ①

STEP 1 — 페이퍼타월로 감싼다.
마른 페이퍼타월이나 천으로 두부를 감싼다.

STEP 2 — 물건을 올려둔다.
접시에 두부를 둔 뒤, 2배 무게 정도의 물건을 올린 채 30분~1시간 둔다.

물기 제거 ②

떼어내고 채반에 둔다.
그릇에 채반을 올리고 떼어낸 두부를 담은 채 20분 정도 둔다.

물기 제거 ③

STEP 1 — 삶는다.
끓는 물에 손으로 떼어낸 두부를 넣고 3분 정도 삶는다.

STEP 2 — 채반에 올린다.
채반에 올려 10분 정도 두며 물기를 뺀다.

물기 제거 ④

전자레인지로 물기를 제거한다.
마른 페이퍼타월로 두부를 감싼 뒤, 내열용기에 담아 3분 정도 가열한다.

---

memo

두부의 종류와 용도

두부에는 두유를 응고제로 굳힌 연두부, 상자 틀에 목면 천을 깔고 응고제로 굳히며 두유를 내린 목면두부가 있다. 일본식 냉두부나 미소된장국에는 부드러운 식감의 연두부가 좋다. 두부 스테이크나 두부 채소볶음 등의 요리에는 콩의 풍미가 드러나고 씹는 맛이 좋은 목면두부가 적절하다. 이때 물기는 꼭 제거하고 사용하는 것이 좋다.

3 두부·유부 써는 법

두부 4등분하기

가로세로로 자른다.
두부를 세로로 반 자르고 가로로 반 자른다. 냉두부, 물두부 등에 이용한다.

두부 2cm 크기로 자르기

STEP 1

두께가 반이 되도록 자른다.
칼을 눕혀 두부의 두께가 절반이 되게 자른다.

≫

STEP 2

2cm 크기로 썬다.
세로 3등분으로 자르고, 가장자리부터 폭 2cm로 썬다. 마파두부 등을 만들 때 이용한다.

두부 1cm 크기로 자르기

STEP 1

두께가 반이 되도록 자른다.
칼을 눕혀 두부의 두께가 절반이 되게 자른다. 두께가 있는 경우 3등분으로 자른다.

≫

STEP 2

폭 1cm로 자른다.
가장자리부터 폭 1cm로 자른다.

≫

STEP 3

1cm 크기로 자른다.
두부의 방향을 바꿔 1cm 크기가 되도록 가장자리부터 폭 1cm로 썬다. 미소된장국 등에 주로 쓴다.

유부(긴 직사각형 썰기)

STEP 1

세로로 반 자른다.
유부를 세로로 놓고 세로로 반 자른다.

≫

STEP 2

폭 1cm로 썬다.
세로로 반 자른 유부를 겹치고 방향을 바꿔 가장자리부터 폭 1cm 정도로 썬다.

memo

유부를 벌릴 때에는

유부초밥이나 돈주머니 모양을 만들 때, 유부를 벌려 주머니로 이용한다. 이때 조리용 젓가락을 유부 겉에 데굴데굴 굴려주면 깔끔하게 벌어진다.

PART 2 | 해산물·육류·달걀·콩·콩제품의 밑손질 방법

밑손질 일람

달걀편

달걀은 냉장고에서 미리 꺼내 실온에 둔다. 우선 달걀 요리를 맛있게 만드는 밑손질에 대해 알아보자.

1 달걀 밑손질

알끈을 제거한다.

알끈을 제거한다.
식감 혹은 겉보기에 신경쓰인다면 젓가락으로 집어낸다. 먹어도 문제는 없다.

노른자와 흰자를 나눈다.

껍질을 사용해 나눈다.
그릇 위에서 달걀을 깬 뒤, 노른자만 한쪽에서 다른 한쪽의 껍질로 옮기면서 흰자를 떨어뜨린다.

달걀을 푼다.

오믈렛 조리 시
그릇에 달걀을 깨 넣고 공기를 머금도록 저어가며 푼다.

달걀부침 조리 시
그릇 바닥에 젓가락을 댄 채 전후좌우로 움직인다. 흰자를 풀어도 거품이 일지 않는다.

memo

달걀의 다양한 성질을 이용하기

달걀에는 기포성, 열응고성, 유화성의 성질이 있다. 머랭처럼 거품이 잘 이는 성질을 기포성, 푸딩처럼 열을 가하면 굳는 성질을 열응고성, 마요네즈처럼 물과 기름을 서로 섞어주며 크림 형태가 되는 성질을 유화성이라고 한다.

COLUMN

달걀 흰자와 생크림은 왜 거품이 일까?

달걀 흰자는 휘저어 섞으면 거품 막을 형성한다. 이는 구형의 단백질이 변성을 일으키며 공기를 머금기 때문이다. 흰자는 매끈한 수양난백, 탄력이 있는 농후난백으로 구성되는데, 거품이 잘 이는 성질을 가진 것은 점성이 낮은 수양난백이다. 달걀은 오래되면 농후난백이 수양난백으로 변한다. 신선한 달걀이 거품이 잘 일지 않는 것은 이 때문이다. 또한, 생크림은 유지방분이 35~40% 이상이 아니면 거품이 잘 일지 않는다. 생크림은 수분과 유지방이 분산되어 있어 휘저어 섞으면 유지방끼리 서로 부딪히며 모이는데, 이렇게 모여 점성이 높아지면 휘핑 상태가 된다.

흰자는 머랭을 만든다.

생크림은 휘핑크림으로 만든다.

PART 3

조리 과학의 새로운 기본 상식

재료의 조리 방식이 요리의 맛을 좌우한다. 재료와 조미료의 특징을 살릴 수 있는 과학적 근거를 가진 조리법과 놀랍고 새로운 기본 상식을 소개한다.

무치기 철저 검증 ①

Q 깨소금 무침, 어느 쪽이 정답?

A 먹기 30분 전에 무친다.

무치는 법
미리 데쳐둔 시금치에 깨소금 양념장을 넣고 무친다.

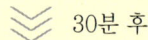 30분 후

시금치가 연하고 싱겁다.

\ 수분이 나와 /
/ 물컹물컹하다! \

B 먹기 직전에 무친다.

무치는 법
미리 데쳐둔 시금치에 깨소금 양념장을 먹기 직전에 넣고 무친다.

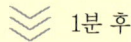 1분 후

촉촉하게 전체에 맛이 어우러진다.

먹기 좋다

\ 맛이 제대로 밴다. /

시금치의 수분에 참깨의 풍미가 옅어진다

시금치와 같은 풋나물과 깨소금 양념장은 궁합이 좋지만 시간이 지나면 수분이 나온다. 양념장이 조직 안으로 스며들기 때문에 전체적으로 맛이 밍밍해지고, 나물과 양념장이 가진 고유의 맛을 온전히 느낄 수 없다. 맛있게 먹으려면 삶기 전에 원래 중량의 70~80% 정도로 물기를 짜고 먹기 직전에 무친다.

무치기 철저 검증 ②

PART 3 | 조리 과학의 새로운 기본 상식

Q 두부 무침, 어느 쪽이 정답?

A 따뜻할 때 무친다.

무치는 법
나물과 두부 양념장 모두 따뜻할 때 고루 무친다.

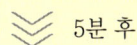 5분 후

NO!

나물과 두부 양념장 모두 싱겁다.

＼ 두부 양념장이 ／
＼ 눅눅하다. ／

B 식히고 나서 무친다.

무치는 법
나물과 두부 양념장 모두 완전히 식힌 뒤 먹기 직전에 무친다.

5분 후

OK!

물기도 적고 재료의 맛이 잘 어우러진다.

먹기
좋다

＼ 매끄럽고 ／
＼ 깔끔한 맛! ／

수분이 나오지 않도록 완전히 식힌다

일반 풋나물, 버섯, 뿌리채소 등 두부 무침에 쓸 채소는 두부가 든 부드러운 양념장과 잘 어우러지도록 미리 데쳐서 연하게 만든다. 두부는 삶고 물기를 뺀다. 무침은 시간이 지나면 수분이 나오므로 나물과 두부 양념장 모두 완전히 식힌 뒤 먹기 직전에 무치는 것이 좋다. 열이 있을 때 무치면 수분이 많아질 뿐만 아니라 재료의 맛도 옅어진다.

무치기 철저 검증 ③

Q 초무침, 어느 쪽이 정답?

A 미리 만들어둔 장으로 무친다.

무치는 법
미리 만들어둔 장을 본 재료에 넣고 무친다.

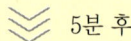 5분 후

OK!

맛이 잘 배어 재료의 맛이 살아난다.

맛이 어우러진다

\맛이 어우러져 좋다!/

B 조미료를 하나하나 넣으며 무친다.

무치는 법
본 재료에 식초, 설탕, 간장을 차례로 넣으며 무친다.

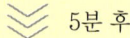 5분 후

NO!

각각의 조미료 맛이 따로 논다. ✕

\맛이 고르지 않다./

초무침에 쓸 장은 미리 만들어둔다

초무침은 먹기 직전에 무치는 것이 기본이다. 본 재료의 하나인 오이는 소금을 치고 비빈 것을 쓰면 탈수 상태가 되어 장이 잘 배어든다. 장은 미리 만들어둔 것을 쓴다. 조미료를 하나하나 넣으면서 무치면 맛이 들쭉날쭉하다. 특히 식초는 재료에 확 배어들어 신맛이 너무 튀게 되므로 주의한다.

무치기 철저 검증 ④

Q 그린 샐러드, 어느 쪽이 정답?

A 조미료로 무치고
　마지막에 기름을 넣는다.

무치는 법
본 재료에 소금, 식초, 후추 순으로 넣어 무친 뒤,
기름을 넣고 무친다.

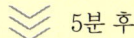 5분 후

NO!

양상추가 숨이 죽고 싱거워졌다.

＼물이 나와 축축하다.／

B 기름으로 무치고
　마지막에 조미료를 넣는다.

무치는 법
본 재료에 기름을 넣고 무친 뒤, 소금, 식초, 후추
순으로 넣고 무친다.

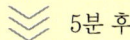 5분 후

OK!

싱싱하고 아삭한 식감이다.

먹기 좋다

＼아삭한 느낌!／

처음부터 기름에 무치면 싱거워지지 않는다

생채소 샐러드는 먹기 직전에 맛을 낸다. 다양한 변화를 주는 드레싱도 좋지만, 간단하게 소금, 후추, 식초로 먹는 것도 좋다. 이때는 처음부터 기름으로 무치는 것이 중요하다. 야채의 겉면이 기름으로 코팅되어 소금의 삼투압으로 인한 수분 유출을 막아주며, 아삭한 식감이 유지된다.

무치는 요리 알기

요리 좀 더 알아보기 ①
무치기

식힌 본 재료와 조미액 또는 양념장을 합친다.

①의 요리는?
초무침, 나물, 샐러드 등

②의 요리는?
깨소금 무침, 두부 무침, 초된장 무침

요리 종류	① 액체 조미료에 무치는 요리	② 건더기 있는 양념장에 무치는 요리
	식초 양념장이나 육수, 드레싱 등 액체 조미료를 쓴다.	참깨, 두부, 매실 과육, 호두 등이 들어간 양념장을 쓴다.

본 재료를 조미료 또는 양념장으로 맛내는 요리

야채 등의 재료를 조미액 혹은 건더기 있는 양념장으로 무치는 요리를 통틀어서 '무침'이라고 한다. 무침에는 초무침이나 샐러드와 같이 조미액으로 무치는 것과, 초된장 무침이나 깨소금 무침, 두부 무침, 매실과육 무침 등 건더기 있는 양념장으로 무치는 것이 있다. 이와 같은 무침들은 기본적으로 본 재료와 양념장을 따로 조리한 뒤에 합친다는 공통점이 있다.

양념으로 무칠 것은 식힌 뒤 조리한다

모든 무침의 기본은 같다

무침의 건더기와 양념은 가열하여 밑손질한다. 데친 재료는 잘 식히고 물기를 잘 빼는 것이 중요하다. 물기를 잘 빼도 시간이 지나면 수분이 나와 싱거워지므로, 건더기와 양념은 먹기 직전에 무친다. 또한, 진한 맛의 건더기에는 담백한 양념을, 담백한 건더기에는 진한 양념을 곁들이면 맛있다.

맛있게 무치는 포인트

POINT 1) 잘 식힌 뒤 본 재료에 양념장을 무친다.

본 재료와 양념장을 잘 식혀 담백한 맛이 나게끔 하면 착 감기는 맛이 난다.

POINT 2) 물기는 꼼꼼히 빼거나 짠다.

본 재료와 양념장 모두 시간이 지나면 수분이 나오면서 싱거워진다. 특히 풋나물은 물기를 꼭 짠다.

POINT 3) 밑바닥에서 뒤집듯이 섞는다.

데친 채소가 찢기지 않도록 나무 주걱 따위로 밑바닥에서 뒤집듯이 섞는다.

POINT 4) 먹기 직전에 무친다.

끓이는 요리, 국물 요리에서 뭉그러지는 것을 막을 때, 아삭한 식감을 낼 때에는 섬유가 남도록 썬다.

요리별 조리 요령

1 깨소금 무침

향긋한 깨소금 무침은 먹기 직전에 본 재료와 양념장을 무쳐 본 재료에서 나오는 물기를 막는 것이 중요하다.

recipe: 꼬투리 강낭콩 깨소금 무침

재료(2인분)

꼬투리 강낭콩…100g
볶은 흰깨…1½큰술
설탕…1작은술
간장…1큰술 조금 더
육수…1큰술 조금 더

만드는 법

① 꼬투리 강낭콩은 꼭지를 잘라 센 불에서 3~4분 쪄낸 뒤 3등분한다.
② 프라이팬을 달구고 흰깨를 볶는다.
③ 절구에 볶은 깨를 넣고 방망이로 거칠게 간 뒤, 설탕과 간장을 넣어 또 갈고, 육수를 넣고 섞는다.
④ 먹기 직전에 삶은 꼬투리 강낭콩을 넣고 무친다.

> 깨소금 무침을 향긋하게 만드는 요령

① 깨는 한꺼번에 볶는다.

≫

고소하고 기름도 잘 나온다!

깨는 볶으면 톡톡 씹히는 식감이 되며 고소해진다. 단, 금방 익으므로 너무 익지 않도록 주의한다.

② 방망이로 간다.

≫

기호에 따라 거칠게, 혹은 곱게 간다.

볶은 뒤 방망이로 갈면 향이 더 깊어지고 소화도 잘 된다. 더 간편하게 만들려면 볶은 깨 1큰술 대신 참깨페이스트 1작은술을 넣는다.

③ 먹기 직전에 무친다.

≫

수분이 나오지 않아 진한 맛이 난다.

무침에 쓰는 채소는 시간이 지나면서 수분이 나온다. 먹기 직전에 무치면 채소에서 나오는 수분을 막을 수 있다.

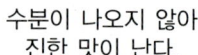

PART 3 | 조리 과학의 새로운 기본 상식

2 두부 무침

두부 무침은 채소와 무쳤을 때 싱거워지지 않도록 주의한다. 맛의 관건은 두부 양념장을 부드럽게 만드는 데 있다.

recipe: 쑥갓 두부 무침

재료(2인분)

당근(채썰기)…50g
곤약(채썰기)…½장
말린 표고버섯…3장
A(육수…1컵, 술·설탕…각 2큰술, 묽은 간장…1큰술)
쑥갓…50g
양념장【목면두부…½모, 참깨페이스트…2작은술】
B(설탕…1큰술, 술…½큰술, 소금…¼작은술)
묽은 간장…½~1작은술

만드는 법

① 말린 표고버섯을 물에 불리고 얇게 썬다.
② 냄비에 A를 넣어 불에 올리고, 한소끔 끓으면 당근, 곤약, ①을 넣고 미리 익힌다. 재료가 익으면 불을 끄고 식혀둔다.
③ 두부는 모나게 썰어 삶은 뒤 물을 버려 식히고, 천에 감싸 물기를 짠다.
④ 절구에 참깨페이스트, ③의 두부를 넣고 갈면서 섞고, 두부가 부드러워지면 B를 넣고 또 갈면서 섞고, 국물을 버린 ②의 재료를 넣고 고루 무친다.

두부 무침 양념을 매끄럽게 부풀리는 요령

① 본 재료를 미리 데친다.

▽

본 재료와 양념이 잘 어우러진다.

본 재료는 미리 데쳐 부드럽게 하면 양념이 잘 밴다. 데친 뒤에는 완전히 식히는 것이 중요하다.

② 두부는 삶은 뒤 꼭 짠다.

▽

수분이 너무 없다 싶을 정도가 가장 맛있다!

두부는 약 90%가 수분이다. 수분으로 인해 싱거워지지 않도록 천으로 물기를 꼭 짠다.

③ 양념장을 절구에 갈면서 섞는다.

▽

체에 갈아 내리지 않아도 매끄럽다!

물기를 뺀 두부는 체에 갈아 내릴 필요는 없다. 절구로 잘 갈아 섞어주기만 해도 된다. 양념장도 본 재료와 마찬가지로 완전히 식힌다.

요리별 조리 요령

3 초무침

초무침은 식초 양념장으로 무치므로 싱거워지기도 한다. 초무침을 싱겁지 않게 하는 요령을 알아두자.

recipe: 오이 미역 초무침

재료(2인분)

오이…2개
생미역…30g
뱅어포…20g
식초 양념장
A ┌ 식초…1큰술 조금 더
  │ 설탕…½~1½작은술
  │ ※기호에 따라 조절
  └ 간장…1작은술)

만드는 법

① 오이는 얇게 썰어 소금 1작은술, 물 2큰술(분량 외)를 뿌리고 섞은 뒤, 10분간 둔다.
② 미역은 씻어서 재빨리 데치고 폭 2cm로 썬 뒤, 채반에 올려 가볍게 말린다.
③ 뱅어포는 끓는 물을 끼얹고 물기를 제거한다.
④ 오이는 재빨리 끼얹어 씻은 뒤 꼭 짠다.
⑤ 그릇에 ②~④를 넣고, 혼합한 A를 넣어 무친다.

초무침을 싱겁게 않게 하는 요령

① **소금을 친다.**

⇩

삼투압 작용으로 수분이 나온다.

오이에 소금을 치고 물을 뿌린다. 뿌린 물이 소금을 녹여 소금물이 되면 오이 전체가 소금물에 적셔지면서 빠르게 물기를 뺄 수 있다.

② **수분이 빠지면 식초 양념장을 더한다.**

⇩

수분이 빠진 그 틈에 넣는다.

오이의 수분이 빠지면 미역, 뱅어포와 함께 그릇에 담고 식초 양념장을 뿌려 무친다. 오이의 수분이 빠진 그 틈에 식초 양념장을 머금게 한다.

③ **먹기 직전에 무친다.**

⇩

무치고 시간이 지나면 싱거워진다.

본 재료의 수분을 빼도, 식초 양념장 때문에 수분이 나와 싱거워진다. 또한 조미액과 본 재료의 맛이 같아져 재료의 맛이 부각되지 않는다.

PART 3 | 조리 과학의 새로운 기본 상식

4 그린 샐러드

싱싱한 생채소의 아삭함을 즐길 수 있는 샐러드이다. 수분 유출을 막고 신선하게 하는 요령을 알아두자.

---

recipe: 그린 샐러드

재료(2인분)
- 양상추(결구상추)…소 $\frac{1}{2}$개
- 반결구상추… $\frac{1}{2}$개
- 물냉이…2개
- 오이…1개
- 드레싱
  - 소금… $\frac{1}{6}$작은술 조금 덜
  - 식초…1큰술
  - 후추…약간
  - 샐러드유…2 $\frac{1}{2}$큰술

만드는 법
① 양상추, 반결구상추, 물냉이는 찬물에 담가 신선함을 살리고, 물기를 닦은 뒤 한입 크기로 찢는다.
② 오이는 두께 3mm로 통썰기 해서 그릇에 담고, ①의 채소와 합친다.
③ 샐러드유를 끼얹어 무친 뒤, 소금, 식초, 후추 순으로 넣으며 전체를 고루 무친다.

그린 샐러드를 신선하게 하는 요령

①
잎채소는 얼음물에 담근다.

⇩

수분을 흡수시켜 신선하게 한다.

잎채소를 찬물에 담그면 세포가 수분을 듬뿍 머금어 신선하고 아삭해진다. 잎 끝까지 신선해지면 꺼낸다.

②
물기를 잘 닦는다.

⇩

페이퍼타월로 감싼다.

잎채소 겉에 수분이 남아 있으면 더 싱거워지므로, 페이퍼타월로 물기를 잘 닦고 감싼다.

③
기름 → 조미료 순으로 넣는다.

⇩

싱거워지는 것을 막는다.

소금이나 식초를 먼저 넣으면 삼투압 때문에 수분이 나온다. 하지만 기름을 먼저 넣으면 야채의 겉면에 기름막이 생겨 싱거워지는 것을 막을 수 있다.

조리기 철저 검증 ①

Q 무 조림, 어떻게 다를까?

A 미리 데친 뒤 조린다.

조리는 법
무를 10분 정도 미리 데치고, 익은 상태에서 끓는 육수에 넣는다.

 20분 후

진한 빛깔에 맛도 배어 있다.

먹기 좋다

＼맛이 잘 배어 있다!／

B 육수로 조려 조미한다.

조리는 법
육수에 생무를 넣고 10분 익힌 뒤 조미하고, 20분 정도 조린다.

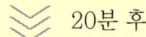 20분 후

빛깔은 엷지만 맛은 깔끔하다.

간편하다

＼맛이 충분히 배어 있다!／

생으로 익혀도 맛은 제대로 밴다
조림을 만들 때 무를 쌀뜨물에 미리 데치면 쓴맛이 날아가 맛있게 조릴 수 있는 것으로 알려져 있다. 그러나 요즘 무는 쓴맛이 없어서 미리 데치지 않아도 된다. 미리 데치지 않고 생무를 그대로 육수에 10분 정도 익힌 뒤, 조미료를 넣고 20분 정도 조리기만 해도 맛이 잘 배어들어 맛있다.

조리기 철저 검증 ② | PART 3 | 조리 과학의 새로운 기본 상식

Q 생선 조림, 어떻게 다를까?

A 차가운 육수에 넣고 조린다.

조리는 법
냄비에 차가운 육수와 생선을 넣고 조린다.

≫ 10분 후

OK!

재료의 맛이 부각되어 고급스럽다.

보기 좋다

＼부서진 것 없이／
촉촉하다!

B 부글부글 끓는 육수에 조린다.

조리는 법
부글부글 끓는 육수에 생선을 넣고 조린다.

≫ 10분 후

OK!

맛은 잘 배어들었지만, 조금 부서졌다.

△

＼조금 부서졌지만／
맛이 제대로 배었다.

저온에 넣고 끓여도 맛은 속까지 다 밴다

생선 조림은 냄비에 차가운 육수와 생선을 넣고 불에 올리면 금방 끓으면서 생선 겉면의 단백질이 응고되어 감칠맛 성분을 붙잡을 수 있다. 또한 부글부글 끓는 육수에 넣는 것보다 부서짐도 적고 맛도 좋다.

조리기 철저 검증 ③

Q 고기 조리는 방법, 어떻게 다를까?

A 고기를 구운 뒤 찬물을 넣고 조린다.

조리는 법
닭고기를 껍질 쪽부터 해서 양면을 노릇하게 구운 뒤에 찬물을 넣고 조린다.

 20분 후

구수한 맛이 좋다.

맛있다

육즙이 듬뿍!

B 날것 그대로 물에 조린다.

조리는 법
날것을 그대로 찬물에 넣고 조린다.

 20분 후

고기 자체는 부드럽지만 맛이 조금 부족하다.

퍼석하고 고기의 맛이 부족하다.

고기의 겉면을 구워 맛을 붙잡는다
스튜나 카레와 같은 요리는 일반적으로 그 수프에 든 재료 자체의 맛이 중요하므로 고기 맛에도 신경을 써야 한다. 프라이팬으로 고기의 겉면을 알맞게 굽고 나서 조리는 것이 중요하다. 겉면을 구워 단단하게 만들면 고기 자체의 맛이 달아나지 않는다. 한편, 포토푀와 같은 요리는 고기 자체의 맛이 수프에 녹아들어야 하므로 날것 그대로 조리는 것이 좋다.

조리기 철저 검증 ④　　PART 3 | 조리 과학의 새로운 기본 상식

Q 얇게 썬 고기 조리기, 어느 쪽이 정답?

A 처음부터 다 넣고 조린다.

조리는 법
고기와 다른 재료를 전부 넣는다.

▽ 15분 후

고기가 줄어들고, 말리고, 식감도 질기다. ✕

＼ 경단처럼 굳어 단단하다! ／

B 다 되어갈 때쯤에 넣는다.

조리는 법
조리 끝 무렵에 고기를 넣되 너무 오래 익히지 않는다.

▽ 5분 후

줄어들지 않고 연하다.　(식감이 좋다)

＼ 연하고 맛있다! ／

얇게 썬 고기는 빨리 익으므로 조리 끝 무렵에 넣는다

얇게 썬 고기를 사용한 조림이나 국물 요리는 미리 볶아두기도 하지만, 그대로도 많이 조린다. 처음부터 고기를 넣으면 고기의 맛은 국물에 녹아 나오지만 너무 오래 끓이면 고기가 줄어들고 단단해지므로 도중에 고기를 꺼낸다. 반면에 조리 끝 무렵에 넣고 단시간에 끓이면 고기가 줄어들지 않고 부드럽게 조릴 수 있다.

조림 요리 알기

요리 좀 더 알아보기 ②
조리기

재료를 가열하며 조미한다.

①의 요리는?
생선 조림
된장 조림
호박 조림 등

②의 요리는?
어묵
포토푀 등

조리는 방법

① 재료 겉면에 맛을 담는다.
해산물은 적은 양의 국물에, 채소는 많은 양의 국물에 조린다. 반드시 1인분당 꽉 찬 1큰술 정도의 국물은 남긴다. 재료를 그릇에 담아낸 뒤 남겨둔 국물을 끼얹는다.

② 속까지 맛이 배게 한다.
재료가 덮일 정도의 국물로 시간을 들여 조린다. 맛은 연하게 조미한다.

국물을 남기지 않고 조려야 맛있다

조림 요리가 서툰 사람은 국물을 너무 많이 남겨 싱거워지는 것이 가장 큰 원인일 것이다. 호박, 감자 등은 맛이 잘 배지 않고, 특히 단백질이 주성분인 생선은 맛이 배지 않는다. 1인 분당 1큰술이 약간 남을 정도까지 조린 뒤 그릇에 담아내고 국물을 끼얹으면 보기 좋다.

PART 3 | 조리 과학의 새로운 기본 상식

물 조절과 불 조절이 중요하다

재료와 요리에 따라 물 조절, 불 조절을 한다
국물의 양은 해산물은 적게, 채소류는 많게 조절하고 조림 뚜껑을 덮은 채 끓인다. 해산물과 채소가 모두 끓을 때까지는 센 불에, 그 뒤 해산물은 중불에서 조금 약하게, 채소와 감자류는 중불보다 더 세게 보글보글 끓는 정도로 불 조절을 하며 조리는 것이 중요하다. 나중에는 조림 뚜껑을 열고 증발시키며 국물 양을 조절한다.

조림 요리를 맛있게 만드는 포인트

 조림 뚜껑을 덮으면 국물이 잘 밴다.

국물이 적은 조림에 조림 뚜껑을 사용하면 재료 전체에 국물이 고루 퍼진다.

 생선은 국물을 적게, 채소는 국물을 많게 한다.

생선은 살이 조금 보일 정도로 국물을 적게, 채소는 덮일 정도로 국물을 많게 해서 조린다.

 채소는 센 불에 부글부글, 고기와 생선은 약불에 보글보글 조린다.

끓을 때까지는 모두 센 불에, 그 뒤 감자류, 호박 등 녹말 성분은 강한 중불에, 고기와 생선 등 단백질은 약한 중불에 조린다.

 국물은 1인분당 꽉 찬 1큰술 정도만 남도록 증발시킨다.

재료가 부드러워지면 조림 뚜껑을 열고, 1인분당 꽉 찬 1큰술만 남도록 국물을 증발시키며 조절한다. 그릇에 담아낸 뒤 국물을 끼얹는다.

요리별 조리 요령

1 고기 감자 조림

고기 감자 조림은 감자를 어떻게 밑손질 하고 조리느냐가 맛을 좌우 한다.

recipe: 고기 감자 조림

재료(2인분)

- 얇게 썬 쇠고기…100g
- 감자…2개
- 양파…½개
- 육수…1½~2컵
- A ┌ 술…1큰술
    └ 설탕…1½큰술
- B ┌ 미림…1큰술
    └ 간장…1~2큰술
- 샐러드유…1작은술

만드는 법

① 쇠고기와 감자는 한입 크기로, 양파는 반달 모양으로 썬다.
② 냄비에 샐러드유를 넣고 달군 뒤 쇠고기를 볶고, 양파, 감자를 넣고 볶는다.
③ 육수를 붓고 끓이면서 잡맛을 뺀다. A를 넣고 센 중불로 3~4분 끓이고, B를 넣는다.
④ 조림 뚜껑을 덮고 약한 중불에 15~20분 조린다. 국물이 많으면 조림 뚜껑을 열고 국물을 증발시킨다. 국물이 2큰술 정도로 남았을 때 그릇에 담아내고, 남은 국물을 끼얹는다.

고기 감자 조림을 맛있게 하는 요령

① 감자는 물에 담근다.

겉의 녹말을 씻어낸다.

감자는 썰자마자 물에 담가 겉의 녹말을 씻어낸 뒤 재빨리 물기를 닦는 것이 중요하다. 단, 너무 오래 담그지 않도록 주의한다.

② 처음부터 끝까지 단번에 조린다.

일단 가열하기 시작하면 중간에 멈추지 않는다.

세포막에 포함된 펙틴은 가열에 분해되며 감자를 부드럽게 한다. 가열을 중단하면 칼슘 결합이 일어나 잘 익지 않는다.

③ 완성되면 그대로 잠시 둔다.

맛이 균일하게 배어든다.

불을 꺼도 국물은 남은 열 때문에 확산되며 속까지 맛이 배어든다. 그릇에 담은 뒤 1인분당 1큰술 분량의 국물을 위에서 끼얹으면 맛이 좋다.

PART 3 | 조리 과학의 새로운 기본 상식

2 일본식 토란 조림

토란 조림은 부서지지 않게 부드럽게 조리려면 요령이 필요하다. 물 조절과 불 조절로 진한 맛을 내는 것이 중요하다.

recipe: 일본식 토란 조림

재료(2인분)
토란…6개(300g)
국물 ┌ 육수…2~2½컵
     └ 간장·설탕·미림…각 1큰술

만드는 법
① 토란은 잘 씻은 뒤, 껍질을 벗긴다.
② 냄비에 국물의 재료와 ①의 토란을 넣은 뒤, 조림 뚜껑을 덮고 센 불에 올린다.
③ 부글부글 끓으면 국물이 조림 뚜껑에 튈 정도로 불 조절을 하며 15분 정도 조린다. 국물은 2큰술 남을 정도로 바짝 조린다.

토란 조림을 맛있게 하는 요령

① 미리 데치지 않고 익힌다.

⤋

요즘 토란은 미끈거림이 적다.

조금은 미끈거리지만 미리 데치지 않고 그대로 익혀도 상관없다. 겉은 매끈하게, 속은 담백하게 조리된다.

② 국물은 잠길 듯한 정도로 조절한다.

⤋

굴려가며 조릴 때는 국물을 적게 한다.

재료를 굴려가며 익히는 조림은 국물을 적게 해서 바짝 조린다. 한편, 국물이 많은 조림은 연하게 조미한 많은 양의 국물로 맛을 내며, 국물을 남기고 완성한다.

③ 부글부글 끓인다.

⤋

조금 세다 싶은 정도가 딱 적당하다.

토란의 녹말질은 부글부글 끓는 상태에서 맛이 잘 배어든다. 불의 세기는 국물의 양에 따라 조절한다.

요리별 조리 요령

3 생선 조림

생선 조림은 가자미, 빛금눈돔, 방어, 정어리 등으로 만든다. 타지 않도록 맛 있게 잘 익히고 조리는 요령을 알아보자.

recipe: 가자미 조림

재료(2인분)

가자미…2토막
A ┌ 술…½컵
  │ 간장…1½큰술
  │ 설탕½큰술
  └ 미림…1½큰술

만드는 법

① 가자미는 물에 잘 씻고, 비늘과 피를 깨끗이 제거한 뒤 물기를 뺀다.
② 가자미의 껍질 부분에 열십자로 칼집을 낸다.
③ 냄비에 물 1컵, A, 가자미를 넣고 센 불에 올리며 끓인다. 떠오르는 잡맛 성분은 건져내어 버린다.
④ 조림 뚜껑을 덮고 중불로 8분 정도 조린다. 알이 밴 가자미의 경우, 알까지 익도록 10~12분 조린다. 도중에 바짝 졸아들면 국물을 2~3번 떠서 가자미에 붓는다.
⑤ 국물 2큰술을 남기고, 그릇에 담아낸 뒤 위에서 끼 얹는다.

생선 조림을 잘 익히고 맛있게 하는 요령

① 껍질 겉면에 칼집을 낸다.

껍질이 찢어지는 것을 막고 맛이 잘 밴다.

껍질 바로 밑에 있는 콜라겐은 가열하면 수축하는 성질이 있다. 껍질에 칼집을 내지 않고 가열하면 콜라겐이 수축하며 껍질이 찢어진다.

② 생선과 국물을 동시에 넣고 조린다.

조리는 양이 적으므로 차가운 국물에 해도 된다.

양이 적을 때는 차가운 국물과 생선을 같이 넣어도 된다. 국물이 단시간에 끓어 생선의 겉살이 응고되므로 맛이 밖으로 녹아나오지 않는다.

③ 조림 뚜껑으로 국물을 조절한다.

국물은 1인분당 1큰술 정도 남긴다.

조림 뚜껑은 부서짐 방지 외에 재료 전체에 국물이 퍼지고 맛이 배도록 한다. 국물은 1인분당 1큰술 정도 남도록 잔량을 조절한다.

PART 3 | 조리 과학의 새로운 기본 상식

4 양배추 롤

양배추 롤은 양배추에 충분히 수분이 스며들도록 푹 익히는 것이 좋다. 모양이 헝클어지지 않고, 육즙을 듬뿍 느낄 수 있는 방법을 알아보자.

recipe: 양배추 롤

재료(2인분)

- 양배추 잎…8장
- 베이컨 50g
- A ┌ 쇠고기 다짐육…200g, 빵가루…¼컵, 양파
  │   (잘게 다진 것)…½개 분, 소금·후추…각
  └ 적당량, 밀가루…½작은술
- B ┌ 콩소메 수프…1½~2컵, 화이트와인…1½큰
  └ 술, 소금…½작은술, 후추…조금

만드는 법

① 양배추 잎은 삶고, 잎 중간의 심 부분은 얇게 엇벤다. 소금, 후추를 조금씩(분량 외) 뿌린다.
② 베이컨은 폭 2cm로 썰고 볶아 놓는다.
③ 그릇에 A를 넣고 잘 섞은 뒤, 8등분하여 덩어리를 만든다.
④ 삶은 양배추 잎에 ③의 덩어리를 넣고 말아준다.
⑤ 냄비에 ④를 가지런히 놓고, ②와 B를 넣고 페이퍼타월과 냄비 뚜껑을 차례로 덮은 뒤, 약불에 20분 정도 익힌다.

양배추 롤을 촉촉하고 맛있게 만드는 요령

①
양배추와 다짐육에 각각 밑간한다.

⋙

양배추와 고기의 감칠맛이 꽉 들어찼다.

양배추와 다짐육에 각각 소금, 후추 등으로 밑간을 하고 조리하면 재료의 맛이 거의 달아나지 않는다. 다짐육은 잘 반죽해 둔다.

②
말 때는 확실하게 꽉 만다.

⋙

모양이 흐트러지지 않는다.

우선 잎 중간의 심 위에 속재료를 얹어 한 바퀴 말고, 그 다음에는 양단을 안쪽으로 접어 넣은 뒤 단단하게 말아준다.

③
뚜껑을 덮고 약불에 조린다.

⋙

한 번 부글부글 끓이고 약불에 조린다.

뚜껑을 덮고 센 불에 조리며 속재료의 겉을 익혀 맛이 빠져나가는 것을 막는다. 그 다음에는 약불에 조린다. 냄비에 꽉 들어차게 담아야 모양이 흐트러지지 않는다.

볶기·굽기 철저 검증 ①

Q 채소 볶기, 어느 쪽이 정답?

A 센 불에
단숨에 볶는다.

볶는 법
프라이팬을 움직이며 센 불에 볶는다.

≫ 1분 후

OK!

아삭함과 감칠맛이 있다.

／아삭한 식감!＼

B 약불로
천천히 볶는다.

볶는 법
재료가 익을 때까지 천천히 볶는다.

≫ 5분 후

NO!

볶는 시간이 길어 눅눅하고 싱겁다.

／물이 나와＼
눅눅하다.

식감이
좋다

센 불에 단숨에 볶아야 아삭하다

채소 볶음은 센 불로 프라이팬을 몰아치듯 흔들며 고온의 기름이 재료 전체에 퍼지도록 하는 것이 중요하다. 그래야 감칠맛 손실 없이 여분의 수분이 증발되어 아삭하고 맛있다. 화력이 약하면 감칠맛 성분이 녹아나와 싱거워질 뿐 아니라, 중불에서 익지 않는 채소는 덜 익을 수도 있다.

볶기·굽기 철저 검증 ②　　　　　　　　PART 3 | 조리 과학의 새로운 기본 상식

Q 그릴 생선 구이, 어떻게 다를까?

A 껍질에 칼집을 낸다.　　　　　　**B** 그대로 굽는다.

굽는 법
껍질에 칼집을 내고 굽는다.

굽는 법
그대로 그릴에 굽는다.

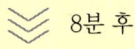 8분 후　　　　　　　　　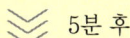 5분 후

고루 잘 익고 껍질이 온전하다.　　보기 좋다

살이 부서지고, 껍질이 부풀거나 찢긴다.

／살이 잘 익고＼　　　　　　／껍질이 상하거나＼
　보기도 좋다!　　　　　　　　　타기 쉽다.

칼집 장식을 넣어 살이 줄어드는 현상을 막는다

생선 구이는 껍질에 '칼집 장식'을 넣으면 껍질이 줄어드는 현상을 막을 수 있다. 그대로 구우면 껍질 밑의 콜라겐이 줄어들면서 껍질이 찢기고, 부풀면서 속의 살이 부서진다. 그러나 칼집이 많으면 수분이 너무 많이 빠지므로 칼집은 얕게 낸다. 그래야 살이 잘 익어 오르고 겉보기에도 좋게 구울 수 있다.

133

볶기·굽기 철저 검증 ③

Q 스테이크 굽기, 어느 쪽이 정답?

A 냉장고에서 꺼내서 바로 굽는다.

굽는 법
굽기 직전에 냉장고에서 꺼내서 바로 센 불에 굽는다.

≫ 2~3분 후

NO!

육즙이 날아가 겉이 파삭한 느낌이다.

✗

속이 익기 전에 겉이 탄다.

B 실온에 두었다가 굽는다.

굽는 법
냉장고에서 꺼내 실온에 30분 정도 둔 뒤, 재빨리 굽는다.

≫ 2~3분 후

OK!

겉이 육즙에 뒤덮여 연하다.

감칠맛

육즙 가득!

실온에 둔 뒤에 재빨리 구워 촉촉하게 한다

스테이크용 고기는 실온에 둔 뒤에 구워야 맛있다. 차가운 채로 그냥 구우면 속은 익지 않고 겉면만 구워지게 된다. 그리고 굽기 전에 비계와 살코기 사이의 힘줄에 칼집을 내면 고기가 줄어드는 것을 막을 수 있다. 미리 소금을 치면 육즙이 빨리 나오므로, 굽기 직전에 소금이나 후추를 뿌린다.

볶기·굽기 철저 검증 ④　　　　　　　　PART 3 | 조리 과학의 새로운 기본 상식

Q 달걀부침 만들기, 어느 쪽이 정답?

A 달걀을 빠르게 저으며 푼다.

젓는 법
젓가락을 그릇 바닥에 대고 싹싹 푼다.

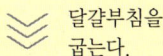
달걀부침을 굽는다.

OK!

기포 구멍이 없고 겉보기와 식감 모두 매끈하고 부드럽다.

겉보기 &식감

＼깔끔한 단면!／
＼식감도 좋다!／

B 달걀에 공기가 들어가도록 푼다.

젓는 법
조리용 젓가락을 그릇에서 띄워 공기를 머금도록 휘휘 푼다.

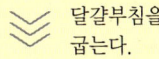
달걀부침을 굽는다.

NO!

기포 구멍과 흰 얼룩이 생긴다.

✗

＼여기저기 흰／
＼얼룩에 식감도／
＼퍼석퍼석하다.／

공기가 들어가지 않도록 달걀을 푸는 것이 중요하다

매끄럽고 깔끔한 달걀부침을 만들려면 달걀을 잘 풀어야 한다. 잘못 풀면 흰자와 노른자가 고르게 섞이지 않고, 달걀부침의 색도 노란색으로 균일하지 않다. 또, 공기가 들어가게 풀면 달걀이 잘 말리지 않고 모양도 삐뚤빼뚤하다. 달걀을 풀 때 젓가락을 그릇 바닥에 대고 빠르게 싹싹 풀면 공기가 들어오는 것을 최소화할 수 있다.

볶음 요리·구이 요리 알기

요리 좀 더 알아보기 ③
볶기·굽기

재료를 가열하면서 조미한다.

볶기·굽기 방법의 종류

프라이팬에 볶기, 굽기
야채 볶음이나 햄버그 등, 프라이팬으로 간접 가열하는 방법이다.

구이망 혹은 그릴에 굽기
생선이나 꼬치구이 등, 직화로 가열해 노릇하게 만드는 방법이다.

오븐에 굽기
그라탕이나 과자 등, 시간을 들여 천천히 가열하는 방법이다.

볶기와 굽기의 차이점

| 볶기 | 재료를 휘저으며 단시간 가열한다. 재료와 기름이 담긴 프라이팬을 움직이고 휘저어가며 익히는 조리법이다. |

| 굽기 | 재료를 많이 손대지 않고 가열한다. 재료를 프라이팬이나 그릴 위에 두고, 노릇한 풍미를 더하며 익히는 조리법이다. |

단시간에 가열하는 볶음 요리, 노릇한 풍미를 더하는 구이 요리

기름을 써서 단시간에 가열하는 볶음 요리는 프라이팬을 현란하게 움직이며 재료의 수분을 증발시켜 감칠맛을 붙잡을 수 있다. 한편, 굽는 요리는 노릇노릇하게 익히며 고소함을 자아낸다. 재료의 비린 맛이 누그러지고 맛이 진해지며, 살이 줄어들면서 식감이 달라진다.

불 조절과 가열 시간이 포인트

볶음 요리, 구이 요리 각각의 특징을 알아둔다

볶음 요리는 재료에 따라 불 조절을 달리 해야겠지만, 기본적으로는 단시간에 가열한다. 잘 달군 프라이팬에 기름을 두르고 재료의 수분을 날리며 재빨리 볶는다.

구이 요리도 재료에 따라 다르지만, 기본적으로 처음에 센 불로 구워 노릇하게 만든다. 그 다음에 재료에 맞게 불 조절을 하며 속까지 익힌다.

볶음 요리를 맛있게 만드는 포인트

POINT 1 센 불로 단시간 가열한다.

육류, 해산물은 기본적으로 센 불에 볶아 감칠맛을 붙잡는다. 물이 잘 나오는 잎채소도 센 불에 볶는다.

POINT 2 향미채소는 약불에서 향을 낸다.

파, 생강, 마늘 등 향미채소의 향을 내려면 약불에서 천천히 볶는다.

구이 요리를 맛있게 만드는 포인트

POINT 1 처음에는 센 불로 노릇하게 굽는다.

스테이크 고기나 햄버그스테이크 등은 처음에 센 불에 노릇하게 겉을 익히며 고소하게 굽는다.

POINT 2 생선은 불을 멀리 하여 센 불에 굽는다.

기본적으로 센 불에 굽는데, 겉면이 바로 타지 않도록 망을 사용하여 열원에서 조금 떨어뜨려 굽는다.

요리별 조리 요령

1 채소 볶음

채소의 숨이 죽고 싱거워지는 것은 기름의 양과 불 조절 때문이다. 수분 유출을 막고 아삭하게 하는 요령을 알아보자.

recipe: 콩나물 볶음

재료(2인분)

콩나물…300g
샐러드유…1큰술
산초(낱알)…조금
설탕…½작은술
소금…½작은술
참기름…½작은술

만드는 법

① 콩나물은 뿌리를 제거하고 씻은 뒤 물기를 뺀다.
② 프라이팬에 샐러드유를 달구고, 산초를 넣어 향을 낸 뒤 콩나물을 넣고 볶는다.
③ 콩나물이 익으면 설탕과 소금을 넣고, 마지막에 참기름을 두른다.

콩나물 볶음을 아삭아삭하게 만드는 요령

① 기름의 양은 재료 중량의 5%로 한다.

⇓

수분과 감칠맛을 붙잡는다.

기름의 양이 적으면 재료 전체에 기름이 고루 퍼지지 않아 수분과 감칠맛 성분이 빠져나오고 만다. 기름의 양은 재료 중량의 5%가 적당하다.

② 프라이팬을 움직이며 볶는다.

⇓

단시간 센 불에 올리며 수분을 빨리 날린다.

콩나물 볶음은 아삭함이 맛의 생명이다. 따라서 너무 오래 가열하지 말고, 풋내가 가시면 바로 불을 끈다.

③ 재료가 익으면 간을 한다.

⇓

너무 익히지 않는다.

단시간에 전체를 익히며 아삭하게 하려면 양을 적게 하는 것이 좋다. 너무 오래 가열하면 숨이 죽고 싱거워진다.

PART 3 | 조리 과학의 새로운 기본 상식

2 생선 구이

생선 구이는 불 조절에 따라 맛이 달라진다. 부서지지 않게 노릇한 풍미가 나도록 잘 익혀내는 요령을 알아보자.

---

recipe: 고등어 소금구이

재료(2인분)

고등어(소·다이묘오로시)…½장
소금…¼작은술

만드는 법

① 고등어는 페이퍼타월로 물기를 닦고 절반을 엇베어 낸다.
② 껍질에 얕게 칼집을 내고 양면에 소금을 친다.
③ 담아냈을 때 위가 되는 쪽을 밑으로 하고 잘 달궈진 구이 망에 올린다.
④ 불에 올리고 6분 정도, 뒤집어서 4분 정도 굽고, 칼집 부분이 하얘지면 완성이다.

고등어 소금구이를 기호에 맞춰 굽는 요령

① 탄력 있는 식감과 통통하게 오른 살

⇩

탄력 있는 겉의 육질

소금을 치고 15분간 두면 단백질이 굳으면서 살이 줄어든다. 바로 구우면 통통한 식감을 맛볼 수 있다.

② 담아냈을 때 앞면이 되는 쪽을 밑으로 한다.

⇩

예쁘게 구운 자국을 낸다

앞면에 적당히 구운 자국을 내면 보기에도 맛있는 생선구이가 된다. 뒷면은 겉보기에 신경 쓸 필요 없이 속까지 완전히 익히며 굽는다.

③ 뒤집기는 한 번만 한다.

⇩

앞쪽은 6분, 뒤쪽은 4분 가량 굽는다.

생선 굽기는 '앞쪽 6분, 뒤쪽 4분'으로, 껍질에 적당히 노릇한 빛이 돌도록 굽는다. 뒤집기는 한 번만 한다. 양면구이 그릴의 경우는 상관없다.

요리별 조리 요령

3 스테이크

육즙이 넘치고 부드러운 스테이크를 맛보고 싶다면, 스테이크 고기의 특성을 살리고 맛있게 굽는 요령을 잘 알아두자.

recipe: 비프스테이크

재료(2인분)

쇠고기(스테이크용)…2장(1장150g)
소금 · 후추…각 적당량
샐러드유…1작은술

만드는 법

① 쇠고기는 굽기 30분 전에 냉장고에서 꺼낸다.
② 붉은 살과 흰 살 사이를 칼끝으로 베어 힘줄을 끊은 뒤, 양면에 소금, 후추를 친다.
③ 프라이팬에 샐러드유를 둘러 팬을 달구고 쇠고기를 올린다.
④ 센 불에 30초 정도, 약불에 1분 30초 정도, 프라이팬을 움직이며 굽는다.
⑤ 센 불로 올리고 뒤집어서 마찬가지로 굽는다. 기호에 맞춰 굽기를 조절한다.

스테이크의 육즙을 붙잡는 굽기 요령

① 고기는 굽기 30분 전에 냉장고에서 꺼낸다.

실온에 놔두어 육즙이 나오게 한다.

고기는 차가운 상태에서 구우면 속은 덜 익고 겉만 익고 만다. 따라서 냉장고에서 꺼내 실온에 놔둔 뒤 굽는다.

② 비계와 살코기 사이의 힘줄을 끊는다.

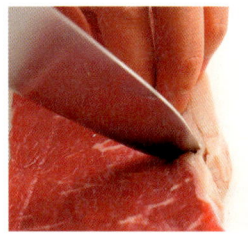

고기 전체가 고르게 구워진다.

힘줄을 끊으면 가열하면서 근섬유가 줄어드는 현상을 막아주어 고기가 뒤집히지 않고 전체가 고르게 익는다.

③ 프라이팬을 충분히 가열하고 굽는다.

겉면이 구워지면 기호에 따라 굽기 조절한다.

우선 센 불로 겉면의 단백질을 굳혀서 감칠맛이 빠져나가지 않도록 한다. 속은 기호에 따라 굽는다. 단, 너무 오래 구우면 줄어들 우려가 있으므로 주의한다.

PART 3 | 조리 과학의 새로운 기본 상식

4 햄버그스테이크

고기와 야채가 꽉 들어찬 햄버그스테이크. 두툼하고 육즙이 넘쳐 감칠맛 나게 만드는 요령을 알아보자.

recipe: 햄버그스테이크

재료(2인분)

A ┌ 쇠고기 다짐육…200g
  │ 돼지고기 다짐육…50g
  │ 볶은 양파(잘게 다진 것)…½개
  │ 빵가루…⅓컵
  │ 우유…2큰술
  │ 소금…½작은술
  └ 후·넛맥가루…각각 조금
달걀 푼 것…½개
샐러드유…½큰술

만드는 법

① 그릇에 A를 넣고 잘 반죽한다. 반죽이 되면 달걀 푼 것을 넣고 잘 섞는다.
② 공기를 뺀 뒤 4등분 하여 1cm 두께의 타원형으로 빚어내고, 중앙을 조금 눌러준다.
③ 프라이팬에 샐러드유를 둘러 팬을 달구고, 눌러준 쪽을 위로 두고 센 불에 30초, 중불에서 서서히 약불로 낮추며 3~4분 굽는다.
④ 뒤집고 똑같이 굽는다.

햄버그스테이크를 육즙 가득하게 하는 요령

① 다짐육을 잘 반죽한다.

다짐육의 점착력을 미리 강하게 만든다.

고기 단백질은 날것일 때 점착력이 강한데, 반죽할수록 더 강해진다. 소금을 넣으면 점착력이 더욱 강해져 덩어리로 잘 뭉쳐진다.

② 빵가루는 우유에 담그지 않는다.

마른 그대로가 물기를 잘 흡수한다.

빵가루는 가벼운 식감을 내고, 또한 재료에서 나오는 물기를 흡수해 육즙을 유지시킨다. 우유에 담글 필요 없이 마른 그대로 넣는다.

③ 한가운데를 눌러준다.

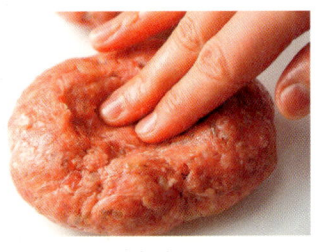

속까지 잘 익는다.

다짐육은 사이에 틈이 많아 열전도가 약하고 잘 익지 않는다. 따라서 한가운데를 눌러주어야 속까지 잘 익힐 수 있다.

요리별 조리 요령

5 만두

만두는 입 안에 육즙이 퍼지는 것이 맛있다. 감칠맛과 육즙의 손실 없이 맛있게 굽는 요령을 알아두자.

recipe: 만두

재료(4인분)

만두피…30장
A ┌ 돼지고기 다짐육…200g
  │ 소금…1/3작은술
  │ 간장…2작은술
  └ 참기름…1큰술
B ┌ 양배추…200g
  │ 부추(잘게 다진 것)…50g
  └ 마늘(잘게 다진 것)…1/2개
샐러드유…1큰술

조리법

① B의 양배추는 재빨리 삶고 잘게 다진 뒤, 물기를 잘 짠다.
② 그릇에 A를 넣고 찰기가 돌 때까지 잘 반죽한다. B를 넣고 반죽한 뒤 30등분 한다.
③ 만두피 중앙에 ②를 올리고 피 주위에 물을 묻혀 주름을 만들면서 감싼다.
④ 프라이팬에 샐러드유 1/2큰술을 두르고, 만두를 절반 올린다. 뜨거운 물 1/2컵(분량 외)을 붓고 뚜껑을 덮은 뒤 중불에서 전체를 찌며 익힌다.
⑤ 물이 없어질 즈음에 조금 센 불로 노릇하게 굽는다. 나머지도 마찬가지로 굽는다.

만두 굽기를 실패하지 않는 요령

① 다짐육에 조미료를 넣고 반죽한다.

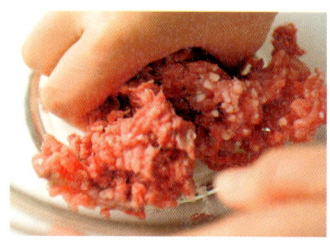

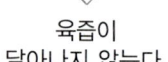

육즙이 달아나지 않는다.

만두소로 쓰는 다짐육은 조미료를 넣고 반죽하면 섬유가 서로 얽힌다. 다짐육을 잘 반죽하면 육즙이 달아나지 않는다.

② 채소를 넣고 잘 반죽한다.

다짐육에 수분을 흡수시킨다.

다짐육을 반죽했다면 채소를 넣는다. 채소의 수분을 다짐육에 흡수시키면, 굽고 난 뒤에도 수분이 남아 퍼석하지 않다.

③ 찐 뒤에 노릇하게 굽는다.

실패하지 않고 맛있게 굽는 방법

잘 익히려면 뜨거운 물을 넣고 뚜껑을 덮은 뒤 찐다. 물이 없어질 즈음에 센 불로 올려 노릇하게 구운 자국을 낸다.

PART 3 | 조리 과학의 새로운 기본 상식

6 연어 뫼니에르

버터향이 은은한 뫼니에르. 밀가루를 묻혀 적당히 노릇하게, 겉은 바삭하게, 속까지도 잘 익게 구워 보자.

recipe: 연어 뫼니에르

재료(2인분)

생연어…2조각
소금·후추…각 조금
화이트와인…1큰술
밀가루…2큰술
샐러드유·버터…각 1/2큰술

만드는 법

① 연어 토막은 양면에 가볍게 소금, 후추를 치고, 화이트와인을 끼얹어 5~6분간 둔다.
② 페이퍼타월로 물기를 닦고, 밀가루를 엷게 묻힌다.
③ 프라이팬에 샐러드유, 버터를 넣고 팬을 달구고, 버터가 녹으면 연어의 껍질 쪽을 밑으로 하여 넣는다.
④ 잠시 익힌 뒤, 프라이팬을 움직이며 센 불로 연어의 양면을 굽는다.

> 연어 뫼니에르를 촉촉하고 고소하게 굽는 요령

① 밀가루는 엷게 바르고 굽는다.

⇩

막을 만들어 감칠맛을 붙잡는다.

밀가루는 생선의 수분을 흡수하고, 굽히면 생선 겉살의 막이 되므로 감칠맛을 붙잡을 수 있다. 또한 고소한 맛을 낼 수도 있다.

② 샐러드유와 버터로 굽는다.

⇩

타는 것을 방지한다.

버터는 풍미를 깊게 낼 수 있지만 단백질과 당분이 들어 있어 타기 쉽다. 이때 샐러드유를 같이 사용하면 타지 않고 적당히 노릇해진다.

③ 껍질 쪽을 밑으로 해서 굽는다.

⇩

대강 구워지면 뒤집는다.

노릇하게 구우려면 껍질 쪽부터 굽는다. 살 쪽부터 구우면 껍질이 줄어들어 살이 부서지고 겉보기에 좋지 않다.

COLUMN

맛있는 달걀 요리 만들기

달걀은 영양의 보고라고도 하며, 필수 아미노산이 균형 있게 함유되어 있다. 어떠한 재료에도 어울리므로 활용의 폭이 넓다.

1 달걀은 끓는 물에 삶는다.

① 끓는 물에 넣기

달걀은 냉장고에서 꺼내 실온에 놔 둔다. 끓는 물에 달걀을 넣고 다시 끓으면 불을 줄인다. 완숙은 12분, 반숙은 8분 가열한다.

② 물에 담가 식히기

다 삶으면 물에 담근다. 달걀의 단백질은 껍질보다 더 수축하므로 물에 담가 식히면 껍질 사이에 틈이 생겨 껍질이 잘 벗겨진다.

> **memo** 노른자와 흰자는 엉기는 온도가 다르다
>
> 달걀은 노른자와 흰자 각각 응고되는 온도가 다르다. 달걀의 크기, 가열 시작 온도에 따라 다소 차이가 있지만, 노른자는 65~70℃, 흰자는 60℃ 정도에서 엉기기 시작해 80℃가 되면 완전히 응고된다. 이 온도 차를 이용해 완숙, 반숙, 온천달걀 등의 삶은 달걀을 만들 수 있다.

2 달걀 프라이는 기호에 따라 굽는 법을 달리한다.

① 뚜껑을 덮고 찌기

샐러드유를 넣어 달군 프라이팬에 달걀을 넣고 뜨거운 물을 부은 뒤, 뚜껑을 덮고 1~2분 찐다. 겉에 하얀 막이 퍼지고 노른자는 반숙이 된다.

\ 하얀 막이 붙는다. /

② 뚜껑 없이 굽기

샐러드유를 넣어 달군 프라이팬에 달걀을 넣고, 뚜껑을 덮지 않고 그대로 2분 반 정도 굽는다. 노른자가 선명히 보이게 구워지며, 노른자는 거의 날것의 매끄러운 상태이다.

\ 노른자는 날것 그대로다. /

📎 **memo** **달걀 프라이 모양 잡는 요령**

프라이를 예쁜 모양으로 굽기란 의외로 어렵다. 우선 달걀을 냉장고에서 꺼내 실온에 둔다. 달걀을 프라이팬에 바로 깨어 넣는 것이 아니라, 작은 그릇에 깨어 넣은 뒤에 프라이팬에 옮겨 넣는다. 또한 신선한 달걀을 사용하면 흰자가 퍼지지 않는다.

걸쭉하게 만드는 조리법 철저 검증 ①

Q 걸쭉하게 만들기, 어느 쪽이 정답?

A 한꺼번에 한가운데에 넣는다.

걸쭉하게 만드는 법
녹말물을 마파두부가 있는 한가운데에 한꺼번에 넣는다.

≫ 10분 후

NO!

요리 곳곳에 응어리가 생기고 끈적끈적하다.

＼응어리가 생겨 고르지 않다.／

B 조금씩 국물에 넣는다.

걸쭉하게 만드는 법
녹말물을 조금씩 국물 쪽으로 넣는다.

≫ 10분 후

OK!

균일하게 걸쭉해져서 응어리가 없다.

식감이 좋다

＼윤기 있고 걸쭉하게 완성!／

음식이 다 되어갈 무렵에 조금씩 넣으면 응어리가 생기지 않는다

녹말물은 미리 물에 타서 녹말에 물이 충분히 스며들기를 기다리며 준비한다. 물에 더해진 녹말은 가열하면 물을 먹으면서 풀리고 서로 엉기며 점성이 생기기 때문이다. 녹말물을 한꺼번에 넣으면 그 과정을 조절할 수 없으므로, 조리가 마무리될 때 국물이 많은 쪽으로 조금씩 넣는 것이 좋다.

PART 3 | 조리 과학의 새로운 기본 상식

Q 루를 쓰는 요리, 어떻게 다를까?

A 뜨거운 루에 찬 우유를 넣는다.

걸쭉하게 만드는 법
루가 뜨거울 때 찬 우유를 한꺼번에 넣는다.

≫ 나무 주걱으로 젓는다.

깔끔하고 매끄럽게 완성된다.

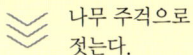
빠르다

/ 전체에 빠르게 \
  어우러진다!

B 식힌 루에 찬 우유를 넣는다.

걸쭉하게 만드는 법
루를 식히고 나서 찬 우유를 한꺼번에 넣는다.

≫ 나무 주걱으로 젓는다.

중량감이 약간 있고 뻑뻑하다.

△

/ 응어리가 많지 \
  않고 매끄럽다!

루와 우유의 온도차가 매끄러움의 포인트

뜨거운 루에 차가운 액체를 조금씩 넣으면 응어리가 생긴다. 이는 밀가루에 열과 수분이 더해지며 밀가루 녹말이 급격히 호화(糊化: 녹말에 물을 가해 가열했을 때 약 60~75℃에서 녹말 입자가 부스러져 전체가 반투명의 점성물, 소위 풀이 되는 현상)하기 때문이다. 차가운 액체를 한꺼번에 넣으면 루의 온도가 내려간다. 식힌 루에 찬 우유를 넣으면 응어리가 잘 생기지 않고 매끄러워지지만, 전체 온도가 내려가 시간이 걸린다는 단점이 있다.

걸쭉하게 만드는 조리법 알기

요리 좀 더 알아보기 ④
걸쭉하게 만들기

녹말로 국물의 농도를 높인다.

①의 요리는?
루(스튜)
달걀국 등

②의 요리는?
마파두부
친자오로스
안카케 등

걸쭉하게 만드는 이유

① 매끄러운 식감&보온 효과
걸쭉하고 부드러운 느낌을 낸다. 따뜻한 요리를 잘 식지 않게 한다.

② 맛을 조화롭게 한다
국물 부분에 넣으며, 균일하게 걸쭉해지도록 하여 맛을 조화롭게 한다.

국물에 농도를 더해 얻을 수 있는 효과

녹말은 열을 받으면 물과 엉기며 호화한다. 마파두부나 스튜 등 국물이 있는 요리에 녹말 물을 넣었을 때 걸쭉해지는 것은 그 때문이다. 걸쭉함과 농도가 더해진 국물은 수분 증발을 막아 대류가 잘 되지 않으므로 온도가 쉽게 내려가지 않는다. 또한, 재료에 걸쭉한 국물을 끼얹으면 맛이 잘 어우러진다.

걸쭉하게 만드는 주요 재료 세 가지

녹말의 차이에 따라 용도도 다르다

첫 번째 재료는 감자녹말이다. 감자녹말은 달걀국을 비롯한 국 또는 안카케를 만들 때 적절하다. 두 번째 재료는 옥수수 녹말인 콘스타치이다. 점성이 약하고 산뜻하며, 밀가루에 섞기도 하고 수프에도 활용할 수 있다. 세 번째 재료는 밥이다. 포타주 등 걸쭉하게 만드는 데 활용할 수 있다.

녹말물로 걸쭉하게 만들기

① 녹말은 물에 넣고 그대로 둔다.

걸쭉하게 만들려면 미리 녹말을 물에 타 녹말에 물이 스며들게 한다.

② 휘저어 사용한다.

물속에 가라앉은 녹말을 잘 저어 농도를 균일하게 만든다. 넣기 직전에 섞어준다.

콘스타치로 걸쭉하게 만들기

목 넘김이 편한 주스나 수프에 활용한다.

녹말은 식으면 점성이 강해지는 성질이 있으므로, 주스에는 점성이 약한 콘스타치가 적절하다.

밥으로 걸쭉하게 만들기

포타주 등을 걸쭉하게 만들 때 활용한다.

포타주에 밥을 넣을 경우 재료와 함께 끓인 뒤에 믹서에 돌린다. 밀·옥수수 녹말은 밥으로 대체할 수 있다.

요리별 조리 일람

1 달걀국

달걀국은 폭신한 반숙 달걀이 일품이다. 녹말물과 달걀 푼 것을 얼마나 적절한 타이밍에 넣느냐에 따라 달걀의 부드러운 정도가 달라진다.

---

recipe: 달걀국

재료(2인분)

- 달걀…1개
- 육수…1½컵
- 소금…½작은술 조금 더
- 간장…1작은술
- A ┌ 녹말…½큰술
  └ 물…1큰술

만드는 법

① 그릇에 달걀을 깨서 풀고, 육수 2큰술을 넣고 휘젓는다.

② 냄비에 남은 육수, 소금, 간장을 넣고 중불에 올린다.

③ 부글부글 끓으면 불을 줄이고, A를 잘 저어 조금씩 넣은 뒤, 불을 올리고 저으면서 걸쭉하게 만든다.

④ 다시 부글부글 끓으면 요리용 젓가락으로 휘저으며 달걀 푼 것을 조금씩 흘려 넣고, 달걀이 떠오르면 불을 끈다.

> 달걀국의 달걀을 부드럽게 띄우는 요령

① 녹말물을 먼저 넣는다.

⋙

호화하여 점성이 생긴다.

달걀 푼 것을 넣기 전에 국물에 녹말물을 넣고 농도를 내면, 국물이 걸쭉해져서 달걀이 가라앉지 않는다.

② 달걀물을 소량씩 저으며 넣는다.

⋙

녹말 성분으로 인해 달걀이 중간에 걸린다.

국물이 충분히 뜨거워지고 걸쭉해지면 달걀 푼 것을 넣는다. 젓가락을 타고 내려가 실 모양이 되도록 젓가락을 돌려가며 넣는다.

③ 비교해 보면 잘 알 수 있다.

⋙

달걀 푼 것을 먼저 넣으면 밑에 가라앉는다.

녹말은 물과 함께 가열하면 호화한다. 열로 인해 녹말과 물 분자가 서로 엉겨 그물망 모양의 구조를 이루면 달걀이 걸려 가라앉지 않는다.

PART 3 | 조리 과학의 새로운 기본 상식

2 안카케

중화요리점의 정식메뉴 중 하나인 텐신돈(계란덮밥). 달걀 위에 푸짐하게 끼얹는 걸쭉하고 매끄러운 식초 소스가 맛의 관건이다.

recipe: 텐신돈

재료(2인분)

- 달걀…3개
- 게 통조림…(소)1캔
- 삶은 죽순(잘게 썬 것)…25g
- 대파(송송 썰기)…1/4개
- 소금…조금
- A ┌ 중화 수프…1/2컵, 식초…1작은술
  └ 설탕·간장…각 1/2큰술, 생강즙…조금
- B ┌ 녹말…1/2큰술, 물…1큰술
  └ 샐러드유…3큰술
  └ 따뜻한 밥…적당량

만드는 법

① 게는 물기를 빼고, 연골을 제거하며 바른다.
② 그릇에 달걀을 깨어 풀고, ①, 죽순, 대파, 소금을 넣고 섞는다.
③ 프라이팬에 샐러드유를 달구고 ②를 한번에 넣은 뒤, 크게 저으면서 볶는다.
④ 달걀의 테두리가 부풀기 시작하면 모양을 가지런히 만들고 뒤집은 뒤 재빨리 구워 2등분 하고, 담아둔 밥에 올린다.
⑤ 냄비에 A를 넣고 불에 올린 뒤, 부글부글 끓으면 불을 줄이고, B를 잘 저어 조금씩 넣는다. 센 불로 올리고 저어가며 소스를 만든 뒤 ④에 끼얹는다.

> 안카케를 걸쭉하게 만드는 요령

① 녹말은 미리 탄다.

⇩

녹말은 넣기 전에 반드시 젓는다.

녹말은 미리 물에 타놓으면 점성이 생긴다. 녹말은 가라앉기 쉬우므로 넣기 직전에 잘 저은 뒤에 사용한다.

② 온도가 맞지 않으면 불에서 내린다.

⇩

응어리가 지는 것을 방지하고, 농도를 조절할 수 있다.

녹말물을 넣을 때 국물이 너무 뜨거우면 응어리가 생기기 쉬우므로, 불에서 내린 뒤 조금씩 휘휘 돌리면서 넣어 걸쭉한 농도를 조절한다.

③ 뜨거운 요리에 뜨거운 소스를 붓는다.

⇩

잘 어우러지고 식감도 좋다.

뜨거운 소스는 요리가 뜨거울 때 끼얹어야 맛이 잘 어우러진다. 안카케는 식으면 매끈매끈한 느낌이 사라져서 식감이 좋지 않다.

요리별 조리 일람

3 화이트소스

화이트소스는 그라탕이나 스튜 등에 쓰인다. 매끄럽고 걸쭉한 진한 소스를 만들어보자.

---

recipe: 화이트소스

재료(2인분)
- 버터…1½큰술
- 밀가루…1½큰술
- 우유…1½컵
- 소금…$\frac{1}{6}$작은술
- 후추…조금

만드는 법
① 냄비에 버터를 넣고 중불로 녹이고, 거품이 일면 밀가루를 넣은 뒤 나무 주걱으로 젓는다.
② 재료가 눋지 않도록 약불에 두고, 보슬보슬해질 때까지 3~4분 지진다.
③ 찬 우유를 한번에 넣고 거품기로 신속하게 젓는다. 매끄러워지면 나무 주걱으로 바꿔 중불에 놓고 계속 젓는다.
④ 나무 주걱으로 냄비 바닥을 긁었을 때 자국이 남는 정도의 농도가 되면, 소금, 후추로 조미한다.

응어리가 지지 않게 만드는 요령

①
버터에 거품이 일면 밀가루를 넣는다.

보슬보슬해질 때까지 지진다.

밀가루는 약불에 놓고 눋지 않게, 전체가 보슬보슬해질 때까지 천천히 지지는 것이 중요하다.

②
루가 뜨거울 때 찬 우유를 붓는다.

응어리가 지지 않고 매끄럽다.

뜨거운 루에 찬 우유를 한번에 넣고 루의 온도를 내린 뒤 휘저으며 걸쭉하게 한다. 응어리가 생기지 않고 매끄럽게 만들어진다.

③
소스가 뻑뻑한 느낌이 들 때에는 이렇게!

우유와 섞은 뒤 적당히 바짝 조린다.

완성된 화이트소스가 뻑뻑할 때에는 찬 우유를 넣어 묽게 한다. 다시 불에 올리고 바짝 조리면서 부드럽게 풀어준다.

PART **3** | 조리 과학의 새로운 기본 상식

4 포타주

포타주는 감자나 호박 등의 채소를 부드럽게 조려 만든다. 크리미하고 진한 포타주 수프를 만드는 요령을 알아보자.

---

recipe: 포타주

재료(2인분)
- 감자…200g
- 양파…½개
- 버터…10g
- 양식소스…1½컵
- 우유…½컵
- 생크림…¼컵
- 소금…한 꼬집

만드는 법
① 감자는 8mm 두께로 은행잎 썰기하고, 양파는 섬유결 반대 방향으로 얇게 썬다.
② 냄비에 버터를 넣어 불에 올리고, 양파와 감자를 볶는다.
③ 양파의 숨이 죽으면 양식소스를 넣고, 감자도 연해질 때까지 익힌다.
④ ③을 믹서에 갈고, 부드러워지면 다시 냄비에 넣고 불에 올린다.
⑤ 우유와 생크림을 넣은 뒤 소금으로 조미한다.

부드러운 포타주를 만드는 요령

① 채소는 부드럽게 조린다.

식감이 좋아진다.

걸리는 느낌 없이 매끄러운 식감이 나도록 채소를 일반적으로 끓이는 음식보다 부드럽게 조리는 것이 중요하다.

② 소금은 한 꼬집씩 넣는다

우유나 생크림 요리에는 소금이 어울린다.

우유나 생크림이 들어가는 요리는 소금 간이 어울리므로 소금은 한 꼬집 정도 넣은 뒤 맛을 조절한다. 버터에도 소금이 들어 있으므로 주의한다.

③ 콘 포타주를 걸쭉하게 만드는 방법

밀가루 대신 밥을 써도 된다.

같은 포타주라도 콘 포타주는 밀가루로 걸쭉하게 만드는데, 그 대용으로는 밥이 편리하다. 재료와 함께 조리면 더욱 걸쭉해진다.

찜 조리법 철저 검증 ①

Q 일본식 달걀찜 만들기, 어떻게 다를까?

A 찜기에 찐다.

찌는 법
밥공기를 찜기에 넣고 찐다.

≫ 10분 후

OK!

매끄럽고 부드럽다.

식감이 좋다

/매끄러운 식감!\

B 간단히 직접 찐다.

찌는 법
냄비에 밥공기를 넣고, 뜨거운 물을 부은 뒤 그대로 찐다.

≫ 10분 후

OK!

겉보기는 매끄럽고 식감은 탱탱하다.

간편하다

/부들부들,\
/살살 녹는 맛!\

직접 쪄도 간편하고 식감이 매끄럽다

일본식 달걀찜은 찌는 온도에 따라 식감에 차이가 난다. 찜기로 하는 경우, 불 조절을 하거나 뚜껑을 열어놓는 등 온도를 조절해주는 것이 중요하다. 냄비에 직접 찔 때는 밥공기 높이의 1/3 정도까지 뜨거운 물을 붓고 뚜껑을 덮으면 식감 좋고 매끄러운 일본식 달걀찜을 간단히 만들 수 있다.

찜 조리법 철저 검증 ①　　　　　　　　　　　PART 3 | 조리 과학의 새로운 기본 상식

Q 고구마 찌기, 어느 쪽이 정답?

A 찜기에 찐다.

찌는 법
증기가 오르는 찜기에 15분 찐다.

15분 후

OK!

단맛이 나고 단면의 색도 예쁘다.

맛있다

＼시간은 걸리지만 단맛이＼
　강하고 촉촉하다.

B 전자레인지에 가열한다.

찌는 법
전자레인지에 10분 가열한다.

10분 후

NO!

속이 말라 퍼석퍼석하고, 빛깔도 선명하지 않다.

✕

＼간단하지만 단맛이＼
　약하고 퍼석거린다.

찜기에 천천히 쪄야 단맛이 더 강해진다

녹말 성분이 많은 감자류는 열과 수분을 받으면 부푼다. 열을 세게 쬐면 맛이 좋아지므로 뚜껑을 덮고 찐다. 고구마는 가열하면 아밀라아제라는 효소가 작용해 단맛이 나는데, 시간을 들여 찌면 이 효소가 더 오래 작용해 단맛이 증가한다. 전자레인지를 사용하면 가열 시간에 따라 타는 경우도 있으므로 주의한다.

찜 요리 알기

요리 좀 더 알아보기 ⑤
찌기

찌는 방법의 종류

찜기
증기가 잘 빠지고 물방울이 잘 떨어지지 않는다. 생선 혹은 육류를 찌는 데 적당하다.

전자레인지
단시간에 가능하지만, 재료에 따라서는 시간 조절을 잘해야 한다.

직접 찌기
냄비에 직접 밥공기를 넣고 공기 높이의 $\frac{3}{5}$ 정도까지 물을 붓고 찐다.

수증기의 열로 은근하게 가열한다.

찜 요리의 이점

① 생선과 육류는 촉촉하고 연해진다.
증기의 열로 인해 살이 연하고 촉촉해진다.

③ 감자류는 탈 걱정 없이 푹 익힐 수 있다.
증기가 계속 나오므로 탈 걱정 없이 푹 익힐 수 있다.

② 달걀은 매끄러운 식감이다.
가열 속도가 완만해 식감이 매끄러워진다.

④ 찹쌀은 전체가 고르게 익는다.
내려오는 수증기를 찹쌀이 흡수해 열이 고르게 돈다.

아린 맛이 적은 야채나 신선한 생선이 제격이다

찌는 조리법은 재료의 감칠맛 성분이 잘 날아가지 않지만, 한편으로는 아린 맛도 잘 남는다는 특징이 있다. 찌기에 적절한 재료로는 아린 맛이 적은 곡물류를 비롯해 생선, 육류, 감자류, 버섯류, 달걀, 두부 등이 있다. 생선은 대구와 같은 흰 살 생선이나 연어가 적당하며, 감칠맛 성분이 사라지지 않는 대신에 비린내도 잘 빠지지 않으므로 신선한 것을 고른다.

찜 요리 포인트

재료의 특징 변화에 맞추는 것이 중요하다

쌀이나 감자류 등의 녹말질의 재료는 물과 열이 더해지면 부푼다. 이는 녹말이 가열되면서 알파녹말로 변화하기 때문이다. 녹말질 재료는 시간을 들여 가열하며 열을 강하게 쬐어야 맛이 난다. 덧붙여, 달걀은 90℃로 찌는 것이 이상적이다. 달걀을 찔 때는 불 조절에 주의하고 뚜껑을 살짝 비켜 증기를 빼면서 찐다.

찌는 요리를 맛있게 하는 포인트

POINT 1 증기가 오르고 나서 찐다.

물이 끓지 않을 때 재료를 넣으면 증기가 식어 다시 물이 되면서 재료 겉면에 수분이 많아진다.

POINT 2 뚜껑을 천으로 감싼다.

뚜껑을 마른 천으로 감싸면 뚜껑 안쪽에 붙은 물방울이 재료에 떨어져 수분이 많아지는 것을 방지할 수 있다.

POINT 3 물의 양이 너무 많아도 안 된다.

물의 양이 너무 많으면 끓었을 때 찜기의 체 위까지 물이 올라오므로 넘치지 않도록 조절한다.

POINT 4 직접 찔 때는 뚜껑을 비켜 놓고 온도를 조절한다.

직접 찔 때는 뚜껑을 비켜 놓고 온도를 조절해야 실패하지 않는다.

요리별 조리 요령

1 일본식 달걀찜

달걀찜은 매끄럽고 살살 녹는 식감이 맛의 관건이다. 공기를 머금어 부드러운 일본식 달걀찜을 만드는 요령을 알아보자.

recipe: 달걀찜

재료(2인분)

- 달걀…1개
- A ┌ 육수…1컵
  │ 소금…$\frac{1}{4}$작은술
  └ 간장…$\frac{1}{4}$작은술
- 어묵…2조각
- 만가닥버섯류 버섯…조금
- 파드득 나물…적당량

만드는 법

① 버섯은 밑뿌리를 제거하고 작은 송이로 나눈다.
② 그릇에 달걀을 깨어 푼 뒤, A를 넣고 거품이 일지 않도록 젓는다.
③ 밥공기에 버섯과 어묵을 넣고 ②를 부은 뒤 밥공기 뚜껑을 닫는다.
④ 냄비에 ③을 넣고 밥공기의 $\frac{1}{3}$ 정도 높이까지 뜨거운 물을 부은 뒤, 냄비 뚜껑을 닫고 센 불에 2분 정도 둔다.
⑤ 끓으면 냄비 뚜껑을 비켜 놓고 약불에서 10~15분 찐다.
⑥ 가운데를 스푼으로 눌러서 단단하면 완성이다. 장식으로 파드득 나물을 올린다.

달걀찜을 간편하게 만드는 요령

① 달걀은 지나치게 풀지 않는다.

⇊

구멍이 생기고 식감이 나빠지는 것을 막는다.

달걀은 필요 이상으로 풀지 않는다. 달걀을 풀 때 공기가 들어가면 가열했을 때 그대로 응고되면서 구멍이 생겨 매끄러운 식감이 나지 않는다.

② 푼 달걀은 거르지 않는다.

필요 없다

⇊

차이가 크지 않다.

일본식 달걀찜은 매끄러운 식감이 포인트이기는 하지만, 일부러 체에 거를 필요는 없다. 단, 알끈은 제거한다.

③ 냄비에 찌면 간단하다.

⇊

보들보들 부드럽게 완성!

찜기를 쓰지 않고 냄비에 찔 수도 있다. 용기 높이의 $\frac{1}{3}$ 정도까지 뜨거운 물을 붓고 90℃를 유지하며 은근하게 가열한다.

PART 3 | 조리 과학의 새로운 기본 상식

2 생선찜

생선찜 요리는 살이 부서지지 않게 잘 익히는 것이 중요하다. 대구, 도미 등의 흰 살 생선으로 겉보기와 맛 모두 고급스럽게 잘 익히는 방법을 알아보자.

---

recipe: 대구 찜

재료(2인분)

- 흰 살 생선(대구 등)…2조각
- 소금…$\frac{1}{6}$작은술
- 다시마(5cm 크기)…2장
- 술…$\frac{1}{2}$큰술
- 폰즈 소스…적당량

만드는 법

① 대구 등 흰 살 생선에 소금을 치고 30분 정도 둔 뒤, 물기를 닦는다.
② 깊이 있는 그릇(또는 내열그릇)에 다시마를 깔고 대구를 올린 뒤 술을 뿌린다.
③ 증기가 오르는 찜기에 ②를 그릇째 넣고, 센 중불에 12~15분 찐다.
④ 기호에 따라 고명을 곁들이고, 폰즈 소스에 찍어 먹는다.

생선찜의 진한 감칠맛을 내는 요령

① 신선한 생선을 고른다.

▽ 비린내를 피한다.

찜은 재료의 감칠맛과 단맛 성분이 빠지지 않는 대신에 비린 맛도 빠져나가지 않는다. 비린 맛을 남기지 않기 위해서 선도 높은 것을 고른다.

② 증기가 오르면 재료를 넣는다.

▽ 생선의 영양성분과 감칠맛의 유출을 막는다.

물이 끓기 전에 재료를 넣으면 재료 겉의 온도가 낮아 물방울이 맺혀 수분이 많아지고, 재료의 영양소와 감칠맛 성분이 유출되기 쉽다.

③ 마른 천으로 뚜껑을 감싼다.

▽ 싱거워지는 것을 막는다.

가열하면 찜기의 뚜껑 안쪽에 물방울이 맺히고, 재료 위에 떨어지면서 싱거워진다. 마른 천으로 뚜껑을 감싸 물방울을 흡수시킨다.

요리별 조리 요령

3 닭고기 술찜

닭찜은 너무 오래 익히면 퍼석거리고 질겨진다. 촉촉하고 부드럽게 육즙이 나오도록 찌는 요령을 알아두자.

---

recipe: 닭고기 술찜

재료(2인분)
- 닭 넓적다리 살…1장
- 대파…¼개
- 생강…½조각
- 술…1큰술
- 소금…¼작은술

만드는 법
① 양파는 큼직하게 썰고 생강은 얇게 썬다.
② 닭고기 껍질에 포크로 구멍을 내고 소금을 전체적으로 뿌린 뒤, 손으로 문질러준다.
③ 내열그릇에 닭고기를 넣고, 양파와 생강을 올린 뒤 술을 뿌린다.
④ 증기가 오른 찜기에 ③을 그릇째 넣고 센 불에 15~20분 찐 뒤, 불을 끄고 그대로 식힌다.
⑤ 기호에 따라 육수를 끼얹어 먹는다.

> 닭고기 술찜을 촉촉하게 만드는 요령

① 껍질에 구멍을 낸다.

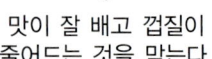

맛이 잘 배고 껍질이 줄어드는 것을 막는다.

닭고기는 포크나 이쑤시개로 껍질에 구멍을 낸다. 익는 속도가 빨라질 뿐만 아니라 찌는 과정에서 껍질이 줄어들지 않고 맛이 잘 배어든다.

② 센 불에서 단시간에 찐다.

잡내가 날아가고 육즙이 남는다.

센 불로 단시간에 찌면 잡내가 빠진다. 닭고기는 보수성이 낮으므로 지나치게 가열하면 육즙이 유출되어 살이 퍼석하고 질겨진다.

③ 전자레인지를 이용한다.

1분 30초 만에 간편하게 완성할 수 있다.

전자레인지는 단시간에 찔 수 있다. 단, 가열할수록 살이 줄어들므로, 각 전자레인지에 맞는 조리법대로 가열한다.

PART **3** | 조리 과학의 새로운 기본 상식

4 바지락 술찜

바다 내음이 느껴지는 바지락 술찜은, 잘 익어 오른 살에다 적당한 소금 간으로 맛을 낸 국물이 일품이다.

---

recipe: 바지락 술찜

재료(2인분)

바지락(껍데기째)…200g
술…1½큰술
소금…적당량
실파(송송 썰기)…½~1개

만드는 법

① 바지락은 모래를 빼고 물에 푹 담가 껍데기를 서로 비비듯이 해서 씻는다. 물은 2~3번 갈아준다.
② 냄비에 술, 바지락을 넣은 뒤 뚜껑을 덮고 센 불에 올린다.
③ 3~4분 지나면 뚜껑을 열고, 입을 벌리기 시작하면 냄비를 흔들어주고, 입을 거의 다 벌리면 불을 끈다.
④ 맛을 보고, 간이 부족하다 싶으면 소금을 조금 넣는다.
⑤ 그릇에 담아내고 실파를 뿌려 장식한다.

바지락 술찜을 잘 익히는 요령

①
3%의 소금물에 넣고 모래를 뺀다.

실온에서 어두운 곳이 좋다.

바닷물과 같은 3% 농도의 소금물을 재료가 덮일 정도로 붓고, 실온의 어두운 곳에서 3시간 정도 두어 모래를 뺀다. 냉장고에서는 수온이 낮아 모래를 토해내지 않는다.

②
센 불에서 한번에 찐다.

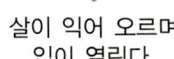

살이 익어 오르며 입이 열린다.

센 불로 가열 시 증기가 조개 전체에 퍼지며 조개껍질의 이음 부분에 있는 단백질이 응고되는데, 이와 거의 동시에 조개의 입이 열린다.

③
마늘, 생강 등을 넣어도 된다.

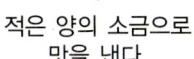

적은 양의 소금으로 맛을 낸다.

소금 조절이 어려워 자칫 짤 수 있다. 마늘이나 생강 등으로 맛을 낼 경우 소금은 소량으로도 충분하다.

튀김 조리법 철저 검증 ①

Q 가라아게 튀기기, 어떻게 다를까?

A 소량씩 튀긴다.

튀기는 법
소량씩 180℃ 정도의 기름에 튀긴다.

≫ 2분 후

OK!

바삭하게 튀겨지지만, 너무 익지 않도록 주의한다.

식감이 좋다

바삭하게 튀겨지지만 온도 관리가 어렵다.

B 한꺼번에 많이 튀긴다.

튀기는 법
많은 양을 180℃ 정도의 기름에 튀긴다.

≫ 3분 후

OK!

바삭하게 튀겨지고 식감도 촉촉하다.

감칠맛

바삭하게 튀겨지고 육즙이 가득하다.

일정 온도를 유지해 육즙이 느껴지도록 한다

가라아게는 한번에 튀기는 양이 너무 많으면 기름의 온도가 급격히 내려가 바삭하게 튀겨지지 않는 것으로 알려져 있다. 그러나 기름의 온도를 유지하면 양이 조금 많더라도 단시간에 속까지 완전히 익힐 수 있으며, 속은 육즙이 느껴지고 겉은 바삭해진다. 요리용 젓가락이나 튀김옷으로 온도를 가늠하지 않고 온도계를 사용해 온도를 측정하여 일정 온도를 유지하는 것이 중요하다.

튀김 조리법 철저 검증 ②

PART 3 | 조리 과학의 새로운 기본 상식

Q 생선 프라이 튀기기, 어느 쪽이 정답?

A 소량씩 튀긴다.

튀기는 법
소량씩 180℃ 정도의 기름에 튀긴다.

∨ 1분 30초 후

OK!

단시간에 바삭하게 튀겨지고 기름지지 않다.

식감이 좋다

\ 바삭한 튀김옷과 두툼한 속살! /

B 한꺼번에 많이 튀긴다.

튀기는 법
냄비에 가득 차도록 넣고 180℃ 정도의 기름에 튀긴다.

∨ 3분 후

NO!

시간이 걸려 기름지게 된다.

✕

\ 양이 많으면 기름의 온도가 내려가기 쉽다. /

익는 속도가 빠른 생선은 소량씩 단시간에 튀긴다

생선 튀김은 익는 속도가 빨라 바로 노릇해진다. 튀김옷을 태우지 않고 바삭하게 튀기려면 온도를 유지하며 소량씩 단시간에 튀긴다. 기름을 가득 뒤덮은 양을 한번에 튀기면, 기름의 온도가 급격히 내려가고 시간도 걸릴 뿐더러, 오래 튀기면 눅눅해지고 기름지기 쉽다. 그럴 때는 기름 온도를 조금 높이면 실패를 막을 수 있다.

튀김 조리법 철저 검증 ③

Q 적은 양의 기름에 튀기기, 어느 쪽이 정답?

A 고온에서
센 불에 튀긴다.

튀기는 법
돈가스를 180℃의 기름에서 센 불에 튀긴다.

≫ 5분 후

NO!

식감이 퍼석하고 질기다.

╲쉽게 탄다.╱

B 저온에서
지긋이 튀긴다.

튀기는 법
170℃ 정도의 기름에서 중불에 지긋이 튀긴다.

≫ 5분 후

OK!

감칠맛과 육즙이 살아 있다.

식감

╲촉촉하고
식감이 부드럽다.╱

적은 양의 기름에 튀길 때는 저온에 푹 튀긴다

기름의 양이 적으면 온도가 빠르게 상승하므로 기름이 금방 고온에 도달한다. 속은 덜 익었는데 튀김옷은 다 익고 타버리기도 한다. 따라서 적은 양의 기름에 튀길 때는 저온에서 지긋이 튀기면 튀김옷이 타지 않고 속까지 고루 익는다. 또한 고기의 식감도 연하고 촉촉해진다.

튀김 조리법 철저 검증 ④　　　　　　　　PART 3 | 조리 과학의 새로운 기본 상식

Q 감자칩 튀기기, 어느 쪽이 정답?

A 그대로 튀긴다.

튀기는 법
슬라이스한 감자를 그대로 180℃의 기름에 튀긴다.

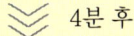 4분 후

NO!

튀김의 빛깔이 고르지 않다.

／눅눅하고＼
＼기름지다.／

B 물에 한 번 담근 뒤에 튀긴다.

튀기는 법
10분 정도 물에 담그고 물기를 제거한 뒤, 180℃의 기름에 튀긴다.

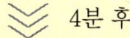 4분 후

OK!

바삭하고 균일하게 튀겨진다.　　식감

／바삭바삭!＼

바삭하게 튀기려면 감자를 물에 담근다

감자에 든 당분은 수분을 끌어당기는 성질이 있다. 때문에 슬라이스한 것을 바로 튀기면 수분이 나가지 못하고 눅눅해진다. 또한 당은 물에 녹는 성질이 있어서, 슬라이스하고 물에 담그면 감자의 당분이 녹아나와 바삭하게 튀겨진다. 물에 담근 뒤에는 반드시 물기를 제거하고 튀긴다.

튀김 요리 알기

요리 좀 더 알아보기 ⑥
튀기기

기름에 푹 담가 재료를 가열한다.

튀김 요리

스아게
밀가루나 튀김옷을 입히지 않고 재료를 그대로 튀기는 조리법이다.

프라이
달걀물과 빵가루를 묻힌 재료에 입히고 고온의 기름에 튀기는 조리법이다.

가라아게
고기나 생선에 밀가루 또는 녹말을 묻히고 고온의 기름에 튀기는 조리법이다.

튀기는 요리의 목적	① 재료에서 수분을 뺀다. 고온의 기름으로 가열해 재료를 익히지만 겉의 수분은 증발된다.	② 튀김 기름을 흡수시키며 익힌다. 재료 겉의 수분이 증발하는 대신 튀김 기름이 스며든다.

겉을 노릇하게 튀기며 속까지 익힌다

튀김 요리는 기름을 적정 온도로 유지하는 것이 관건이다. 온도가 너무 높으면 속은 덜 익고 겉은 타버린다. 그리고 수분이 충분히 빠지지 않는데다 불필요한 기름이 달라붙는다. 반대로 온도가 너무 낮으면 기름지고 무거워진다. 온도를 관리하는 방법부터 알아두자.

튀김 기름의 온도로 결정된다

재료에 맞게 온도를 관리하며 바삭하게 튀긴다

바삭한 튀김을 만들기 위해서는 기름의 온도와 튀기는 시간이 중요하다. 재료에 따라 익는 속도에 차이가 있으므로, 처음에는 온도계로 온도를 확인하면서 튀긴다. 재료의 수분을 잘 빼는 것이 맛있고 바삭하게 튀기는 비결이다. 적은 양의 기름에 튀길 때는 조금 낮은 온도에서 튀기기 시작해 수분을 충분히 증발시킨다.

튀김을 맛있게 만드는 포인트

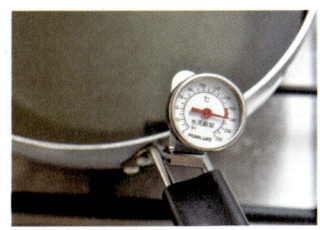

 POINT 1 온도계를 사용한다.

기름의 온도는 유동적이므로 일정 온도를 유지하기 위해서는 온도계가 필요하다.

 POINT 2 재료와 양에 맞는 온도를 유지한다.

불 조절에 주의해서 온도만 유지한다면 양이 조금 많더라도 상관없다.

 POINT 3 튀김옷은 굳기 전까지 건드리지 않는다.

튀김옷이 덜 굳었을 때 건드리면 벗겨지거나 찢어지기도 한다.

 POINT 4 기포를 보고 다 튀겨졌는지 판단한다.

재료와 튀김옷에서 기포(수분)가 적게 나오면 건져 올린다.

요리별 조리 요령

1 가라아게

치킨 가라아게는 겉은 노릇한데 속이 덜 익는 경우가 있다. 속까지 완전히 익히면서 바삭하게 만드는 요령을 알아두자.

recipe: 치킨 가라아게

재료(2인분)

닭 넓적다리 살·날개 살 등…400g

A ┌ 술…½큰술
  │ 간장…½작은술
  └ 소금…⅙작은술
  후추…조금

B ┌ 달걀 푼 것…½개 분
  └ 밀가루·녹말…각 2큰술 조금 덜

샐러드유…½큰술
튀김 기름…적당량

만드는 법

① 그릇에 닭고기와 A를 넣고 잘 주무른 뒤 10분 정도 둔다.
② ①에 B를 넣고 묻히고, 마지막에 샐러드유를 넣고 뒤섞는다.
③ 160℃로 달군 튀김 기름에 ②를 넣고 가끔 저어주며 5~6분 튀긴 뒤 잠시 꺼내둔다.
④ 튀김 기름을 180~200℃까지 올리고 ③을 다시 넣은 뒤, 알맞은 빛깔을 보이며 바삭해질 때까지 한 번 더 튀긴다.

가라아게를 바삭하게 튀기는 요령

①
튀김옷 재료에 달걀 푼 것과 기름을 넣는다.

⇩

바삭하고 두툼하게 튀겨진다.

튀김옷 재료에 달걀 푼것을 더하면 가루가 많이 붙어 튀김옷이 두꺼워진다. 튀겼을 때 바삭하고 두툼하게 만들어진다.

②
저온에서 5~6분 튀긴다.

⇩

중심부까지 익힌다.

우선은 160℃의 저온으로 지긋이 튀긴다. 속까지 제대로 익고 재료의 수분이 빠진다.

③
고온에서 한 번 더 튀긴다.

⇩

바삭하게 튀겨진다.

저온에서 튀기고 꺼낸 뒤 180~200℃에서 다시 한 번 튀긴다. 한꺼번에 많은 양을 튀길 때에는 한 번 더 튀기지 않고 건져내기 직전에 불을 세게 올려도 된다.

PART **3** | 조리 과학의 새로운 기본 상식

2 돈가스

고소하고 바삭한 튀김옷과 육즙이 느껴지는 속살의 포인트는 기름 온도와 튀기는 시간에 있다.

---

recipe: 돈가스

재료(2인분)

돼지고기 등심…2장(1장 100g)
소금·후추…각 조금
달걀 푼 것…½개 분
밀가루…2큰술
빵가루…½컵
튀김 기름…적당량

만드는 법

① 돼지고기는 힘줄 곳곳에 칼집을 내고 가볍게 두드린 뒤 소금과 후추를 친다.
② 달걀 푼 것은 체에 걸러 넓적한 그릇에 담고, 밀가루와 빵가루도 각각 그릇에 담아둔다.
③ 돼지고기에 밀가루를 묻히고 달걀물을 입힌 뒤 빵가루를 묻힌다.
④ 170℃로 달군 튀김 기름에 넣고 3~4분 가량 튀긴다.

> 돈가스를 겉은 바삭하게, 속은 촉촉하게 튀기는 요령

① 다짐망치로 두드린다.

고기가 연해진다.

고기를 두드리면 근섬유가 찢겨 식감이 연해지지만, 고기가 얇아지므로 고깃살을 모아 원래 모양으로 되돌린 뒤에 조리한다.

② 튀김옷은 두 손에 끼워 누른다.

잘 붙은 튀김옷은 쉽게 벗겨지지 않는다.

고기에 튀김옷을 입힐 때는 두 손에 끼워 눌러서 튀김옷이 잘 붙도록 한다. 기름 속에서 빵가루가 흩어지는 것을 막아주고, 튀김옷이 완전히 튀겨진다.

③ 뒤집기는 한 번만 한다.

바싹 튀겨진다.

돈가스는 튀김옷을 적당히 노릇하게 만들고, 중심부까지 익히는 것이 가장 이상적이다. 기름 온도에 주의하며 한 면씩 푹 튀긴다.

요리별 조리 요령

3 혼합 튀김

혼합 튀김은 여러 종류의 재료를 튀김옷으로 뭉치기 때문에 재료가 흩어져 실패할 우려가 있다. 흩어지지 않게 바삭하게 튀기는 요령을 알아두자.

---

recipe: 새우&파드득 나물 혼합 튀김

재료(2인분)
- 보리새우…10마리(100g)
- 파드득 나물…25g
- 튀김옷 ┌ 달걀노른자 푼 것…$\frac{1}{2}$개 분
       │ 냉수…적당량
       └ 밀가루…$\frac{1}{2}$컵
- 튀김 기름…적당량

만드는 법
① 새우는 내장을 제거한다. 파드득 나물은 폭 3~4cm로 큼직하게 썬다.
② 계량컵으로 노른자와 냉수를 합쳐 $\frac{1}{2}$컵으로 맞춘 뒤, 그릇에 붓고 젓는다.
③ ②에 밀가루를 뿌려 넣고, 응어리와 점성이 없어질 때까지 저으며 튀김옷을 만든다.
④ ①을 넣고 튀김옷이 입혀지도록 섞는다.
⑤ ④를 $\frac{1}{4}$의 양씩 나무 주걱에 올리고 170℃로 달군 튀김 기름에 넣어 10초 정도 튀긴 뒤, 뒤집어서 기름 온도를 180℃로 올리고 바삭하게 튀긴다.

혼합 튀김이 잘 뭉쳐지게 튀기는 요령

① 튀김옷은 약간 뻑뻑하게 만든다.

튀김옷이 흩어지는 것을 막는다.

여러 재료를 튀김옷으로 뭉치기 때문에 튀김옷을 약간 뻑뻑하게 해서 서로 잘 붙도록 한다. 튀김옷을 뻑뻑하게 하면 뭉쳐진 재료가 잘 흩어지지 않는다.

② 재료를 나무 주걱에 올려 평평하게 만든다.

젓가락으로 누르고 넣으면 모양이 예쁘게 나온다.

기름에 넣을 때는 나무 주걱 위에 재료를 올리고 모양을 잡아준다. 젓가락 등으로 눌러서 기름에 넣으면, 부서지거나 흩어지는 것을 막을 수 있다.

③ 약간 낮은 온도에서 튀긴다.

겉이 단단해지면 180℃에서 튀긴다.

처음부터 고온에서 튀기면 재료 겉의 수분이 충분히 방출되지 못하고 타버린다. 처음에는 저온에서, 튀김옷이 단단해지면 고온에서 튀긴다.

PART 3 | 조리 과학의 새로운 기본 상식

4 새우 튀김

새우 튀김을 곧게 튀기려면 밑손질이 중요하다. 둥글게 말리지 않게 하는 밑손질법을 알아두자.

recipe: 새우 튀김

재료(2인분)

- 새우…4마리
- 소금 · 후추…각 조금
- 튀김옷 ┌ 달걀 푼 것…½개 분
  └ 밀가루 · 빵가루…각 적당량
- 튀김 기름…적당량

만드는 법

① 새우는 머리와 내장을 제거하고, 꼬리와 꼬리에서 한 마디를 남기고 껍질을 벗긴다.
② 배에 여러 군데 칼집을 내고, 꼬리 끝을 자른 뒤 훑어내 꼬리 속의 물을 뺀다.
③ 물기를 닦고, 소금과 후추를 가볍게 친다.
④ 밀가루, 달걀 푼 것, 빵가루 순으로 입혀 튀김옷을 만든다.
⑤ 넓은 그릇에 빵가루를 깔고 튀김옷을 묻힌 새우를 올린 뒤, 윗면에도 가볍게 빵가루를 끼얹는다. 랩으로 감싸고 냉장고에 30분 정도 재운다.
⑥ 180℃로 달군 튀김 기름에 넣고 1분 정도 튀긴다.

튀김옷이 벗겨지지 않게 곧게 튀기는 요령

① **새우를 밑손질한다.**

말리지 않고 곧게 튀겨진다.

새우는 내장을 제거하고 껍질을 벗긴다. 배에 여러 군데 칼집을 내고 마디를 펼쳐 곧게 만든다.

② **튀김옷을 입힌 뒤 냉장고에 재운다.**

기름 튐, 튀김옷이 흩어지는 것을 방지한다.

튀김옷을 입힌 뒤 잠시 재우면, 튀길 때 튀김옷이 벗겨지지 않고 예쁘게 튀겨진다. 또한 수분이 흡수되어 기름이 튀는 것을 막아준다.

③ **180℃에서 단시간에 튀긴다.**

속은 통통, 튀김옷은 바삭!!

기름 온도가 내려가지 않도록 소량씩 튀긴다. 고온의 튀김 기름에서 단시간에 튀겨내는 것이 중요하다. 튀기는 시간이 길어지면 튀김옷이 타거나 달라붙는 원인이 된다.

밥 짓는 법 철저 검증 ①

Q 밥 짓기, 어떻게 다를까? (압력밥솥)

A 불린 뒤에 압력밥솥으로 짓는다.

짓는 법
불린 뒤에 짓는다.

≫ 지은 후

OK!

윤기 있게 잘 익었다.

식감이 좋다

＼ 밥알이 살아 있다! ／
＼ 불리지 않은 것과 별 차이 없다. ／

B 불리지 않고 압력밥솥으로 짓는다.

짓는 법
쌀을 씻고 바로 짓는다.

≫ 지은 후

OK!

마찬가지로 윤기 있게 잘 익었다.

간편하다

＼ 밥알이 살아 있어 ／
＼ 맛있다! ／

압력밥솥은 불릴 필요가 없다

쌀은 겨울에는 1시간, 여름에는 30분 정도 불려야 하지만, 압력밥솥으로 짓는 경우에는 불릴 필요가 없다. 압력밥솥은 버튼을 누르면 수온이 40℃ 정도로 급속하게 오른다. 수온이 높으면 쌀이 단시간에 물을 흡수할 수 있다. 이후에는 취사, 뜸 들이기와 같은 과정이 프로그래밍 되어 있다.

밥 짓는 법 철저 검증 ② | PART **3** | 조리 과학의 새로운 기본 상식

Q 밥 짓기, 어떻게 다를까? (냄비)

A 불린 뒤에 냄비로 짓는다.

짓는 법
불린 뒤에 짓는다.

∨∨ 지은 후

OK!

속까지 잘 익는다.

／식감이 좋다＼

／잘 익어 윤기가 난다!＼

B 불리지 않고 냄비로 짓는다.

짓는 법
쌀을 씻고 바로 냄비에 불을 올린다.

∨∨ 지은 후

NO!

속까지는 조금 덜 익은 느낌이다.

✕

／꺼칠하고 단단하다.＼

쌀의 내부까지 불리는 것이 중요하다

냄비로 밥을 짓는 경우 쌀의 중심부까지 확실히 물을 흡수시킨다. 어중간하게 불린 상태로 밥을 짓기 시작하면, 물을 흡수한 겉은 밥이 되지만, 흡수가 되지 않은 내부는 생쌀의 배젖 부분이 그대로 남아있다. 쌀은 불리는 그 시점부터 냄비에서 끓기까지 끊임없이 연화하며 물을 흡수하므로, 8~10분에 걸쳐 끓을 수 있도록 물의 양을 맞춘다.

밥 짓는 법 철저 검증 ③

Q 나물밥 짓기, 어느 쪽이 정답?

A 쌀을 조미료와 함께 불린다.

짓는 법
1시간 정도 조미액과 함께 불린 뒤, 나물을 넣고 짓는다.

≫ 지은 후

B 조미료를 직전에 넣고 짓는다.

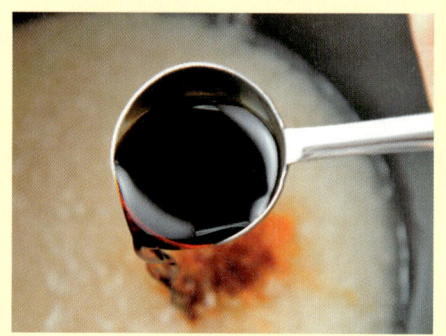

짓는 법
10~30분 불린 뒤 조미료를 넣고 나물을 넣어 짓는다.

≫ 지은 후

NO!

재료의 맛이 엷어져 버렸다.

＼속까지 덜 익고 맛도 엷다.＼

OK!

나물의 풍미가 제대로 남아 맛있다.

맛으로

＼잘 익어서 맛이 제대로 뱄다!＼

조미료는 밥을 짓기 직전에 넣는다

소금이나 간장, 술 등의 조미료는 쌀이 물을 흡수하는 것을 방해한다. 냄비로 짓는 경우에는 불린 뒤에, 압력밥솥의 경우에는 약간 불린 뒤에 조미료를 더한다. 쌀과 조미료를 함께 불리면 쌀이 속까지 다 익지 않을 수 있다. 또한 술을 넣으면 밥알을 되게 만들어서 나물밥이 끈적이는 것을 막아주고 풍미를 더한다.

밥 짓는 법 철저 검증 ④　　　　　　PART 3 | 조리 과학의 새로운 기본 상식

Q 압력밥솥으로 찰밥 짓기, 어느 쪽이 정답?

A 찹쌀을 씻고 바로 짓는다.

짓는 법
찹쌀을 불리지 않고 바로 짓는다.

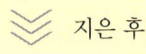 지은 후

OK!

찰밥다운 식감과 팥의 풍미가 좋다.

식감이 좋다

＼차지고 윤기 있다!／

B 찹쌀을 물에 1시간 불린다.

짓는 법
찹쌀을 불리고 채반에 올린 뒤에 짓는다.

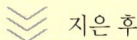 지은 후

NO!

끈적임이 있는 식감이다.

＼질척거리는 식감이다.／

찹쌀은 물 흡수가 빨라 불릴 필요가 없다

찰밥은 원래 쪄서 만드는 밥이다. 찔 경우에는 찹쌀을 불리는 시간이 중요하지만, 밥솥에 지을 경우에는 불리면 오히려 달라붙고 점성이 생기므로 주의한다. 찹쌀을 씻은 뒤 불리지 않고 바로 짓는 것이 요령이다. 밥솥도 제품별로 물 조절량이 다르므로 제품의 조리법을 참고한다.

밥 짓는 법 알기

요리 좀 더 알아보기 ⑦
밥 요리

> 쌀에 물과 열을 가하면 녹말이 변화한다.

밥 짓는 도구의 종류

압력밥솥
불리기부터 뜸 들이기 시간까지 프로그래밍 되어 있다.

냄비(법랑냄비 등)
법랑냄비는 열전도가 빠르고, 소량의 밥을 지을 때 편리하다.

질냄비
열전도가 완만해 쌀의 감칠맛과 단맛이 우러나온다.

녹말의 변화

① **베타녹말이 물을 머금게 된다.**
쌀에 촘촘히 든 사슬 모양의 베타녹말이 물을 머금게 된다.

② **열을 가하면 알파녹말로 변한다.**
그것이 열로 해체되며 틈새를 지닌 알파녹말로 변화한다.

불려야 할까, 말아야 할까?

압력밥솥으로 밥을 짓는 경우 기본적으로 불릴 필요는 없다. 냄비로 밥을 짓는 경우, 겨울에는 1시간, 여름에는 30분 정도 불려 쌀의 중심까지 물을 침투시킨다. 충분히 물을 흡수하지 않은 상태에서 가열하면, 겉은 밥이 되지만 속은 물이 부족한 채 열만 전해진 나머지 베타녹말이 알파녹말로 변하지 않아 생쌀의 배젖이 남는 밥이 되고 만다.

PART 3 | 조리 과학의 새로운 기본 상식

맛의 비결은 물과 열을 가하는 방식

압력밥솥이 아닌 냄비로 지을 때에는 이렇게 하자!
백미를 지을 경우에 물의 양은 쌀 용량의 1.2배, 중량으로는 1.5배, 불린 쌀의 양에 대해서는 용량을 똑같이 맞추는 것이 기준이다. 냄비로 지을 경우, 쌀을 씻은 후 30~60분 정도 물에 불린 뒤 8~10분간 끓이고, 끓은 직후에 몇 분간 고온을 유지하다가 불을 줄이고 20분 정도 가열한다. 불을 끈 뒤에는 뚜껑을 덮은 채 10분 정도 뜸 들이기를 한다.

냄비로 밥을 짓는 과정

불린다
물에 담가 흡수시킨다.
쌀을 물에 담가 흡수시킨다.

30~60분 물에 담근 뒤 쌀그릇에 담는다.

가열 시작
쌀의 양에 따라 불을 조절한다.
불린 쌀과 같은 용량의 물을 넣고, 뚜껑을 덮은 뒤 8~10분간 끓인다.

센 불에 2~3분

불을 낮추고 가열
불을 낮추고 가열한다.
구수한 향이 나면 약불로 낮춘다.

약불에 20분

뜸 들이기
뚜껑을 열지 않는다.
불을 끄고 뚜껑을 덮은 채 약 10분간 뜸 들인다.

완성
밥을 젓는다.
저으며 남은 증기를 날려 보내고 윤기를 낸다.

쌀의 종류와 물 조절

쌀과 물의 비율

	쌀의 종류		
	백미	배아미	무세미
쌀	1	1	1
물	1.2	1.4	1.3

백미의 물 조절은 쌀 용량의 1.2배 정도로 한다. 배아미는 씻으면 배아 부분이 잘 떨어지므로 씻지 않고 짓는다. 물은 배아미 용량의 1.4배로 한다. 때에 따라 1시간 정도 불릴 필요가 있다. 무세미는 씻지 않으므로 쌀을 씻을 때의 물을 흡수하는 과정이 없다. 백미와 달리 쌀겨가 제거되어 있어 1컵의 중량은 백미보다 높다. 물의 양은 쌀 용량의 1.3배로 한다.

요리별 조리 요령

1 흰쌀밥

밥은 매일 지어도 참 어렵다. 고슬고슬하고 윤기 있게, 맛있게 밥을 짓는 방법을 알아보자.

---

recipe: 흰쌀밥

재료(2인분)

【압력밥솥】
쌀…1홉(150g)
물…1홉의 눈금까지

【냄비】
쌀…1컵(170g)
물…1.2컵(240g)

만드는 법

【압력밥솥】
① 솥에 쌀을 담고 빠르게 씻고, 1홉의 눈금까지 물을 부은 뒤 짓는다.

【냄비】
① 불에 올리고 8~10분 정도 만에 끓어오르도록 불 조절을 하고, 끓으면 센 불에 2~3분 둔다.
② 약불로 줄여 20분 가열한 뒤 불을 끄고, 그대로 10분 뜸 들인다.
※ 두 방법 모두 완성되면 밥을 잘 저어준다.

흰쌀밥을 낱알이 살아 있게 짓는 요령

① 쌀은 신속하게 씻는다.

겨 냄새를 제거한다.

첫 물에는 겨가 녹아나오므로, 겨가 나온 물을 흡수시키지 않기 위해 잘 젓고 나서 재빨리 버린다.

② 압력밥솥으로 지을 때는 불리지 않는다.

불리지 않아도 낱알이 살아있다.

압력밥솥에는 단시간에 물을 흡수시키는 불리기 단계가 프로그래밍 되어 있다. 쌀을 불리지 않아도 맛있게 지을 수 있다는 것이 압력밥솥의 장점이다.

③ 냄비로 지을 때는 완전히 불린다.

불리지 않으면 생쌀의 배젖이 남는다.

냄비로 밥을 지을 때는 쌀을 반드시 불린다. 쌀 중심부까지 물을 완전히 머금지 않으면 물이 내부까지 침투되지 못하고 생쌀의 배젖이 남게 된다.

PART 3 | 조리 과학의 새로운 기본 상식

2 초밥용 밥

초밥용 밥은 적당한 식초 향에 고슬고슬한 식감이 중요하다. 초밥용 밥 짓는 법과 초밥용 식초의 혼합법을 알아두자.

recipe: 유부초밥

재료(2인분)

- 쌀…1홉(150g)
- 물…초밥용 밥 1홉의 눈금까지
- 다시마(3cm 크기)…1장
- 초밥용 식초(A) ─ 식초…1½큰술,
  설탕…1큰술,
  소금 1⅓작은술
- 유부…작은 것 2장
- 볶은 흰깨…½큰술
- 조미액(B) ─ 물…1⅓컵, 설탕…2큰술,
  간장…1½큰술,
  술…1큰술, 미림…1작은술

만드는 법

① 쌀은 밥솥에 담아 씻은 뒤, 초밥용 밥 1홉의 눈금까지 물을 붓고 다시마를 넣어 취사한다.
② 밥이 되면 다시마를 빼고 가볍게 저어준 뒤, A를 잘 저어서 뿌리고 30초 정도 둔다.
③ ②를 그릇에 옮긴 뒤 밑바닥에서부터 뒤집듯이 잘 저어주며 부채질로 식힌다.
④ 유부는 반으로 자르고 벌려 가볍게 기름을 뺀다.
⑤ 냄비에 B와 ④를 넣고, 조림 뚜껑을 덮은 뒤 수분이 없어질 때까지 30분 정도 조린다.
⑥ 가볍게 수분을 제거한 ⑤에 참깨를 섞은 초밥용 밥을 채운다.

초밥용 밥을 고슬고슬하게 짓는 요령

물은 조금 적게 한다.

⇊

밥을 조금 되게 지은 뒤 초밥용 식초를 넣는다.

밥을 지을 때 식초를 넣어도 달라붙지 않게끔 물 조절을 조금 적게 한다. 밥의 겉에 수분이 적으면 식초가 잘 흡수된다.

밥이 뜨거울 때 초밥용 식초를 섞는다.

⇊

초밥용 식초가 밥에 침투해 어우러진다.

초밥용 식초는 취사가 끝난 직후, 녹말이 가장 부풀어 있을 때 넣는다. 부푼 밥알에는 틈새가 많아 식초가 잘 배어든다.

밑바닥부터 뒤집어 저으며 식힌다.

⇊

서둘러 부채질을 한다.

식초를 넣은 밥은 바닥에서부터 뒤집어 섞고, 부채질을 하며 식힌다. 밥의 온도가 높으면 식초의 신맛이 날아가 버린다.

요리별 조리 요령

3 일본식 솥밥

일본식 솥밥은 자칫하면 밥이 잘 달라붙고 맛과 빛깔이 고르지 않은 경우도 있다. 실패하지 않는 요령을 익혀 맛있게 지어보자.

recipe: 죽순밥

재료(2~3인분)

쌀…1½홉
A ┌ 다시마(5cm 크기)…1장
  │ 술·간장…각 1큰술
  └ 소금…½작은술
삶은 죽순…100g
유부…½장

만드는 법

① 냄비로 지을 경우, 쌀은 밥 짓기 30분~1시간 전에 씻고 쌀그릇에 담아둔다.
② 유부는 잘게 다진다.
③ 삶은 죽순은 먹기 좋은 크기로 얇게 썬다.
④ 밥솥에 쌀과 적정량의 물을 부은 뒤, 넣은 물에서 2큰술을 버린다. A와 ②, ③을 넣고 평평하게 재료를 깔아준 뒤 취사한다.
⑤ 밥이 다 되면 다시마를 제거하고 잘 저어준다.

솥밥을 달라붙지 않게 짓는 요령

①
반드시 불린 뒤 조미료를 넣는다.

≫

조미료가 들어가면 물을 흡수하지 않는다.

압력밥솥으로 흰쌀밥을 지을 경우, 불릴 필요는 없지만 조미료가 들어간다면 반드시 불린 뒤에 쌀그릇에 담는다. 조미료가 먼저 들어가면 쌀이 잘 불어나지 않기 때문이다.

②
압력밥솥으로 지을 때 조미료는 직전에 넣는다.

≫

2큰술 정도의 물을 버리고 조미료를 넣는다.

압력밥솥으로 짓는 경우와 냄비로 짓는 경우 모두 불려야 한다. 적정량의 물을 넣고, 취사 직전에 액체 조미료 분의 물을 버린 뒤에 조미료를 넣는다.

③
재료는 평평하게 깐다.

≫

고루 익도록 한다.

재료는 쌀과 뒤섞지 않는다. 쌀 위에 재료를 두고 평평하게 깔아주면 맛과 빛깔이 고르게 지어진다.

PART 3 | 조리 과학의 새로운 기본 상식

4 차오판

기름이 밥알 하나하나를 감싸는 고슬고슬한 차오판은 요령만 알면 간단한 과정만으로도 고소하고 감칠맛 나게 만들 수 있다.

recipe: 달걀 차오판

재료(2인분)
- 밥…400~450g
- 달걀…2개
- 햄…30g
- 대파…$\frac{1}{2}$개
- 샐러드유…3큰술
- 소금…$\frac{1}{5}$작은술
- 간장…$\frac{1}{2}$작은술

※찬밥을 사용할 때에는 전자레인지에 데워둔다.

만드는 법
① 햄은 5mm 크기로 썰고 대파는 잘게 다진다. 달걀은 그릇에 깨어 풀어 둔다.
② 철제 프라이팬 또는 중화냄비를 잘 달궈 기름을 두르고 달걀을 넣은 뒤 재빨리 뒤젓고, 반숙이 되면 밥을 넣는다.
③ 밥과 달걀이 섞이면 햄과 대파를 넣는다.
④ 냄비 바닥에 주걱을 넣어 뒤집듯이 하면서 밥의 낱알이 고슬고슬해질 때까지 4~5분 볶는다. 소금, 간장을 넣어 조미한다.

차오판을 고슬고슬하게 만드는 요령

① 빈 냄비를 달군 뒤에 기름을 넣는다.

철제 프라이팬이나 중화냄비가 요리하기 좋다.

볶기 전에 중화냄비를 잘 예열하는 것이 중요하다. 단, 기름을 넣고 난 뒤 지나치게 가열하면 기름이 타서 음식이 거뭇해지므로 주의한다.

② 튀는 소리가 날 때까지 볶는다.

4~5분 볶아 고슬고슬하게 완성한다.

밥알 하나하나를 기름 막으로 감싸면 고슬고슬하게 완성된다. 시간을 들여 밥에서 튀는 소리가 날 때까지 볶는다.

③ 냄비 안쪽면으로 간장을 흘려 넣는다.

마지막에 향을 낸다.

간장은 재료에 직접 끼얹지 않고 냄비 테두리를 빙 둘러가며 흘려 넣는다. 테두리에 넣으면 간장이 눌으면서 고소한 향이 난다.

COLUMN

면 맛있게 삶기

면은 면의 종류(소바, 파스타)와 면의 상태(건면, 생면)에 따라 삶는 방법이 다르다. 면을 맛있게 삶는 법을 알아두자.

 POINT 1 충분한 양의 물을 끓인다.

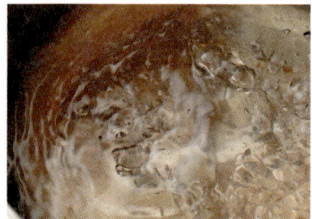

건면은 끓는 물에 푹 담가 삶으면 면이 가닥마다 균일하게 익어 목넘김이 좋게 된다.

 POINT 2 면을 다 넣으면 잠시 젓는다.

끓는 물에 면을 냄비 한가득 펼쳐서 넣고, 다시 끓을 때까지 가볍게 저으면서 가라앉은 면을 냄비에 눌어붙지 않게 한다.

 POINT 3 처음부터 끝까지 센 불로 삶는다.

센 불로 계속 삶으면 면이 끓는 물 속에서 계속 움직이며 균일하게 삶아진다. 또한 면끼리 얽히지 않기 때문에 면 하나하나가 매끄럽게 삶아진다.

 **POINT 4** 흘러넘치지 않도록 삶는다.

면은 열로 인해 녹말이 녹아 호화하며 점성이 생기므로 끓어 넘치는 경우도 있다. 끓어 넘치지 않을 정도로 불 조절을 한다.

POINT 5. 차게 해서 먹으려면 재빨리 물에 씻는다.

채반에 올리고, 흐르는 물로 씻으면 겉에 있는 녹말의 끈적임이 제거되면서 쫄깃해진다. 시간이 지나면 쫄깃함이 사라진다.

POINT 6. 파스타를 삶을 때는 소금을 넣는다.

물이 끓으면 삶는 물의 양의 1%의 소금을 넣는다. 쫄깃함이 강해져 알덴테(al dente: 스파게티 면을 삶았을 때 안쪽에서 단단함이 살짝 느껴질 정도) 상태로 삶아진다.

면의 종류별 삶는 법

소바(건면)
끓는 물에 한 다발씩 푹 담가 듬성듬성 넣고, 가라앉은 소바가 떠오르면 부드럽게 저어준다. 물을 더 붓지 않고 흘러넘치지 않도록 주의하면서 불 조절을 한다.

우동(반생면)
끓는 물에 푹 담가 풀어헤치지 않고 그대로 넣는다. 잠시 후 우동이 떠오르면 부드럽게 풀어준 뒤 다시 떠오를 때까지 젓지 않는다.

소면(건면)
끓는 물에 듬성듬성 푹 담가 넣고 조리용 젓가락으로 재빨리 휘젓는다. 다 삶아지면 채반에 올리고 흐르는 물에 끈적임이 제거될 때까지 꼼꼼하게 비벼 씻는다.

파스타(건면)
소금을 넣은 충분한 양의 끓는 물에 면을 방사형으로 넣고, 파스타끼리 달라붙지 않도록 휘젓는다. 봉지에 표시된 시간보다 조금 빨리 건져내면 알덴테로 삶아진다.

라멘(생면)
생면에 묻은 가루를 잘 털어낸 뒤 끓는 물에 푹 담가 넣고 가끔 휘젓는다. 봉지에 표시된 시간보다 조금 빨리 건져내고, 재빨리 꼼꼼하게 물기를 제거한다.

COLUMN

단면구이 그릴과 양면구이 그릴의 차이점은?

생선은 기본적으로 머리는 왼쪽, 꼬리는 그 반대쪽, 그리고 등 부분은 바깥쪽을 향하고 배 부분이 안쪽을 향하도록 담아낸다. 손질된 생선은 껍질이 위로 오도록 담지만, 연어와 같이 살의 붉은빛을 강조하고 싶을 경우에는 살 부분이 위를 향하도록 담기도 한다.
생선을 단면구이 그릴로 구울 때는 담아낼 때에 위쪽이 되는 껍질 면에 칼집을 내고 소금을 친 뒤 그 면을 밑으로 해서 굽는다. 양면구이 그릴로 구울 때에도 마찬가지로 껍질 면에 칼집을 내고 소금을 친 뒤에 굽고, 위아래가 동시에 가열되므로 도중에 뒤집을 필요는 없다. 전체를 노릇하게 구우려면 위쪽 불과 아래쪽 불의 온도 조절과 재료와의 거리가 중요하다.

소금을 치면 육질이 탄력 있게 된다.

그릇에 담아낼 때 위가 되는 면을 밑으로 해서 굽는다.

PART
4

조미료의 역할과 맛 내기

조미료는 요리의 맛 내기뿐 아니라 밑손질을 할 때도 빠져서는 안 되는 재료이다. 재료의 감칠맛을 이끌어 내고 아린 맛과 잡맛을 제거하며, 재료를 탈수시키거나 흐물흐물해지는 현상을 막는 등 다양한 역할을 한다.

계량법 알기

맛 내기 알아보기
조미료 계량

어떻게 간을 해야 맛있을까?

조미료의 종류

고체
고형 조미료(부용 등), 카레 루 등 큐브형.

액체
간장, 식초, 미림, 소스, 다레, 기름 등.

가루
소금, 설탕, 후추, 분말 조미료, 화학조미료 등.

조미료를 계량하는 목적	① 딱 적당한 맛을 낸다.	② 소금의 양을 파악한다.
	재료나 요리에 맞는 조미료로 맛을 내기 위해서이다.	건강 관리를 위한 염분 함유량을 파악하여 염분 섭취를 조절한다.

소금의 양을 의식하고 계량하는 습관을 들인다

일본의 후생노동성이 발표한 「일본인의 식사 섭취 기준(2015년판)」에 따르면, 나트륨(식염상당량)의 목표량이 성인 남성은 8.0g 미만, 성인 여성은 7.0g 미만으로 권장하고 있다. 소금을 줄이면 건강 유지 및 고혈압과 같은 생활습관병을 예방할 수 있다. 조미료를 꼼꼼히 계량하여 염분 조절에 관심을 기울이자.

계량스푼, 계량컵 재는 법

테두리를 치거나 흔들지 않는다
기본적으로 계량스푼과 계량컵으로 잰다. 계량할 재료를 스푼이나 컵으로 충분히 뜬 뒤, 소금과 같은 가루라면 주걱을 사용해 위를 평평하게 밀어낸다. 밀어낼 때는 주걱을 수직으로 세운다. 위가 평평해질 때까지 스푼이나 컵의 테두리를 치거나 흔들면 정확한 양을 잴 수 없다.

올바른 조미료 계량법

① 가루는 볼록하게 뜬 뒤에 밀어낸다.

계량스푼 1큰술 · 1작은술
볼록하게 뜬 뒤 주걱을 사용해 위를 평평하게 밀어낸다.

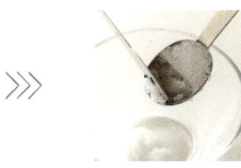

1/2큰술 · 1/2작은술
1큰술 · 1작은술을 뜬 뒤 주걱의 자루를 스푼의 중앙에 대고 반 덜어낸다.

1/4큰술 · 1/4작은술
1/2로 계량한 것을 다시 주걱의 자루로 반 덜어낸다.

② 액체는 겉이 볼록할 정도로 뜬다.

계량스푼 1큰술 · 1작은술
내용이 넘쳐흐를 정도로 뜬다.

1/2큰술, 1/3큰술·작은술
눈대중으로 잰다. 1/2큰술은 1 1/2 작은술, 1/3큰술은 1작은술 정도이므로, 큰술에 뜨고 깊이를 확인한다. 그 깊이를 참고로 해서 작은술로도 재면 된다.

③ 계량컵은 수평으로 두고 맞춘다.

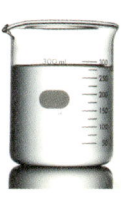

액체
수평이 되는 장소에 두고, 필요량의 눈금에 딱 맞춘다.

가루
수평이 되는 장소에 두고, 필요량의 눈금까지 볼록하게 담는다.

조미료의 염분량

아무렇지 않게 흔히 사용하는 조미료에는 생각보다 많은 양의 염분이 들어 있다. 염분량을 알면 소금 줄이기에도 도움이 된다.

조미료의 중량과 염분량의 경우 1큰술은 1작은술의 3배이다. 소금, 간장(진한 것, 연한 것, 저염)을 큰술과 작은술로 떴을 때 염도가 어느 정도 들어있는지 상세히 가늠할 수 있도록 소수점 첫째 자리를 반올림하여 정수로 표시했다.

조미료 이름	1큰술		1작은술	
	중량(g)	염분량(g)	중량(g)	염분량(g)
식염	18	18	6	6
천일염	15	15	5	5
정제염	18	18	6	6
진한 쇼유(간장)	18	3	6	1
연한 쇼유(간장)	18	3	6	1
저염 쇼유(간장)	18	1.5	6	0.5
장기 숙성한 진한 쇼유(간장)	18	2.3	6	0.8
재양조 쇼유(간장)	18	2.2	6	0.7
하얀 쇼유(간장)	18	2.6	6	0.9
다시 쇼유(간장)	18	1.2	6	0.4
데리 쇼유(간장)	18	0.6	6	0.2
어장(생선장)	18	4.2	6	1.4
아마미소(싱겁게 간을 한 된장)	18	1.2	6	0.4
쌀누룩 미소(담색 짠 미소)	18	2.1	6	0.7
쌀누룩 미소(붉은색 짠 미소)	18	2.4	6	0.8
보리누룩 미소(된장)	18	1.8	6	0.6
콩누룩 미소(된장)	18	2.1	6	0.7
저염 미소(된장)	18	1.8	6	0.6
다시 미소(된장)	18	2.4	6	0.8
겨자초 미소(된장)	18	0.6	6	0.2
깨양념 미소(된장)	18	0.6	6	0.2
초 미소(된장)	18	0.6	6	0.2
반죽한 미소(된장)	18	0.6	6	0.2
미림	18	0	6	0
미림풍 조미료	18	0	6	0
유자후추	15	3.9	5	1.3
칠리페퍼 소스	18	0.3	6	0.1
두반장	18	3.3	6	1.1

조미료 이름	1큰술 중량(g)	1큰술 염분량(g)	1작은술 중량(g)	1작은술 염분량(g)
첨면장	21	1.5	7	0.5
액상 조미료(무희석)	18	0.6	6	0.2
액상 조미료(3배 농축)	18	1.8	6	0.6
폰즈 쇼유	18	0.9	6	0.3
우스터 소스	18	1.5	6	0.5
중농 소스	18	0.9	6	0.3
농후 소스	18	0.9	6	0.3
오코노미야키 소스	21	1.2	7	0.4
굴소스	18	2.1	6	0.7
토마토 퓌레	15	0	5	0
토마토 페이스트	18	0	6	0
토마토케첩	15	0.6	5	0.2
토마토소스	18	0.1	6	0
칠리소스	21	0.6	7	0.2
미트소스	21	0.3	7	0.1
데미글라스 소스	18	0.3	6	0.1
화이트 소스	18	0.3	6	0.1
드레싱 타입 일본식 조미료	15	1.2	5	0.4
프렌치 드레싱	15	0.6	5	0.2
사우전아일랜드 드레싱	15	0.6	5	0.2
일본식 드레싱	15	0.6	5	0.2
참깨 드레싱	15	0.3	5	0.1
마리네이드	18	0.3	6	0.1
마요네즈(달걀 전체 사용)	12	0.3	4	0.1
마요네즈(노른자 사용)	12	0.3	4	0.1
마요네즈(저칼로리 타입)	12	0.3	4	0.1
중화냉면 소스	18	0.6	6	0.2
닭꼬치(야키토리) 양념	18	0.9	6	0.3
불고기(야키니쿠) 양념	18	1.5	6	0.5
당고 소스	21	0.3	7	0.1
카레 루	1인분 20g	2.1		
식힌 루	1인분 20g	2.1		

육수 내기 철저 검증 ①

Q 육수 내기, 어느 쪽이 정답? ①

A 다시마는 끓기 직전에 건져낸다.

육수 내는 법
물이 끓기 직전에 다시마를 건져낸다.

≫ 건진 후

NO!

다시마 특유의 감칠맛을 느낄 수 없다. ✕

／맛이 옅다.＼

B 다시마는 끓고 나서 1분 가열한다.

육수 내는 법
물이 끓고 나서 1분 정도 가열한 뒤 건져낸다.

≫ 1분 후

OK!

다시마 냄새 없이 좋은 풍미가 느껴진다. 감칠맛

／진한 감칠맛!＼

물이 끓기 직전에 건져내면 감칠맛이 녹아 나오지 않는다

품질 좋은 다시마는 감칠맛 성분인 글루타민산이 많아 너무 오래 끓이면 미끈거리고 냄새가 나므로 물이 끓기 직전에 건져내라는 말이 있다. 그러나 육수용으로 나오는 저렴한 다시마의 경우에는 글루타민산의 함유량이 적어서 끓기 직전에 건져내면 안 된다. 1분 정도 팔팔 끓이면 글루타민산이 적당히 녹아 나와 냄새 없이 맛있는 육수를 낼 수 있다.

육수 내기 철저 검증 ②　　　　　　　　　　PART **4** | 조미료의 역할과 맛 내기

Q 육수 내기, 어느 쪽이 정답? ②

A 가쓰오부시를
　끓는 물에 넣는다.

육수 내는 법
끓는 물에 가쓰오부시를 넣고 약불에 1분 끓인다.

≫ 1분 후

B 가쓰오부시를
　찬물에 넣는다.

육수 내는 법
가쓰오부시를 찬물에 넣고 가열하며, 물이 끓으면 약불에 1분 끓인다.

≫ 1분 후

OK!

빛깔이 맑고 산뜻한 감칠맛이 난다.

풍미&감칠맛

／향도 좋고
　시원하다!＼

NO!

조금 탁하고 신맛이 강하다. ✗

／비린 맛이
　녹아 나온다.＼

가쓰오부시는 단시간에 감칠맛 성분이 녹아 나온다
가쓰오부시는 감칠맛 성분이 잘 우러나도록 얇게 깎여 있어서 끓는 물에 1분만 두어도 감칠맛 성분이 충분히 나온다. 감칠맛의 주성분인 이노신산이 들어있어 약간 신맛이 나는 육수를 만들 수 있다. 1분 정도 팔팔 끓인 뒤 불을 끄고 잦아들면 바로 걸러 낸다. 찬물에 넣고 끓이면 육수가 탁해지고 신맛이 강해져 본래의 맛을 잃는다.

육수 내는 법 알기

맛 내기의 기본 좀 더 알아보기
육수 내기

감칠맛 성분이 든 재료로 육수를 낸다.

육수 내는 법

찬물에 우리기
그릇에 육수의 재료를 넣고 찬물을 부은 뒤, 냉장고에 하룻밤 재운다.

끓여 우리기
육수의 재료를 끓여서 낸 국물로, 건져 내는 타이밍이 중요하다.

육수의 종류

① 다시마 육수	② 가쓰오 육수
리시리콘부 등 건조시킨 다시마로 육수를 낸다. 가열하기 전에 물에 불린다.	가쓰오부시를 끓여서 낸 육수로, 향과 맛 모두 담백하다.
③ 다시마 · 가쓰오 육수	④ 멸치 육수
기본 육수. 각각이 지닌 감칠맛, 신맛, 단맛이 조화되어 있다.	멸치를 삶아 건조시킨 것으로 육수를 낸다. 소금기가 약간 있다.

다시마와 가쓰오부시가 내는 감칠맛 시너지효과

조리법에 나오는 '육수'는 일본요리에서 국물의 기본이다. 다시마와 가쓰오부시는 일본식 육수의 재료로 사용된다. 다시마 감칠맛의 주성분은 글루타민산(아미노산 계열)이며, 가쓰오부시 감칠맛의 주성분은 이노신산(핵산 계열)이다. 이 2가지 성분이 합쳐지면 상승 효과가 나타나 단독으로 쓸 때보다 더 감칠맛이 깊어진다.

감칠맛 성분을 효과적으로 우려내는 방법

1분만 끓여도 감칠맛 성분이 우러난다

다시마의 감칠맛 성분은 고온에서 녹아나온다. 가쓰오부시도 마찬가지로 얇게 깎여 있기 때문에 1분만 끓여도 감칠맛 성분이 우러난다. 육수를 맛있게 내려면 끓는 물에 다시마와 가쓰오부시를 넣고 1분 정도 더 끓이는 것이 중요하다. 다시마 냄새가 심해진다고 해서 끓기 직전에 다시마를 건지기도 하는데, 일반 가정에서 사용하는 다시마는 그럴 필요는 없다.

다시마 · 가쓰오 육수 내는 법
(만들기 쉬운 분량)

1 다시마를 담근다.
냄비에 다시마(10g)와 찬물(1ℓ)을 넣고 10분간 다시마를 불린다.

2 천천히 끓인다.
5~6분에 걸쳐 끓이고, 천천히 다시마의 감칠맛을 낸다.

> **memo**
>
> **다시마에 칼집을 내는 것은 그다지 효과가 없다**
>
> 다시마에 칼집을 내면 감칠맛 성분이 더 잘 우러날 것 같지만, 실제로는 칼집을 내지 않은 것과 별 차이가 없다. 가열하기 전에 찬물에 담가 부드럽게 하는 것이 더 효과적이다. 흔히 등급이 높은 다시마일수록 감칠맛이 강한 것으로 알려져 있다.

3 가쓰오부시를 넣는다.
2가 다시 끓기 시작하면 가쓰오부시(20g)를 넣고 1분 정도 더 끓인다.

4 거른다.
불을 끈 뒤 가쓰오부시가 가라앉고 잦아들면, 다용도 채반으로 거른다.

화학조미료의 원료

시간이 없을 때, 혹은 소량의 육수가 필요할 때 편리한 화학조미료는 찬물과 끓는 물에 타기만 하면 간단히 국물을 낼 수 있다.

화학조미료의 원료는?

찬물이나 끓는 물에 넣기만 해도 국물 맛이 난다

화학조미료에는 일본식·서양식·중국식이 있다. 재료의 감칠맛 성분을 분말로 만든 것, 감칠맛 조미료 등을 첨가한 것 등 여러 가지가 있으므로, 원재료 표시를 보고 천연에 가까운 것을 선택하자.

화학조미료 원료의 종류

일본풍

다시마 육수
가쓰오 육수
멸치 육수

일본식 조미료는 다시마나 가쓰오부시, 멸치를 원재료로 하며, 재료에서 추출한 육수만 농축하거나 분말로 만든 것이 일반적이다.

서양풍

콩소메
부용

닭고기, 쇠고기, 야채 등의 진액을 기본으로 조미해 서양 요리 전반에 어울리도록 조제한 조미료이다. 수프스톡이라고도 한다.

중국풍

닭고기수프 조미료
중화수프 조미료

닭고기수프 조미료의 원료는 닭뼈, 파, 생강 등 향미야채가 들어간 조미료이다. 중화수프 조미료로도 시판되고 있다.

급하게 육수를 만들거나 무침용으로 소량이 필요할 때 사용하면 좋다

화학조미료는 맛을 간단히 낼 수 있으므로 급하게 국물 요리를 하거나 무침, 초무침 등에 넣을 소량이 필요할 때 편리하다. 일본식 과립 조미료의 경우, 국물 요리에 쓸 때에는 불에 올릴 때부터 넣는다. 티백형 조미료는 보통 찬물이나 끓는 물에 넣어 우려내어 쓴다.

화학조미료의 염분량

상품명	수분량	조미료 양(g)	염분량(g)
다시마 육수	끓는 물 300ml (2인분)	1	0.5
가쓰오 육수	끓는 물 300ml (2인분)	2	0.8
멸치 육수	끓는 물 300ml (2인분)	0.5	0.2
콩소메	끓는 물 300ml (2인분)	5.3	2.4
치킨콩소메	끓는 물 300ml (2인분)	7.1	2.4
부용	끓는 물 300ml (2인분)	4	2.3
닭고기수프 조미료	끓는 물 300ml (2인분)	3	1.2
중화수프 조미료	끓는 물 300ml (2인분)	17.5	2.1

조미료 사용법

소금

소금은 재료의 맛을 낼 뿐 아니라, 재료의 감칠맛을 이끌어내고 냄새를 잡으며 수분을 내는 등 조리의 밑손질을 하는 데 필수적이다.

1 소금의 종류

정제염
염화나트륨 순도 99% 이상으로 입자가 미세하고 건조한 것이 고운 모래와 같다.

천일염
염화나트륨 순도 80~95%이고 입자가 약간 크고 수분을 함유하고 있다.

2 조미용 소금

재료에 소금을 칠 때

천일염을 쓴다.

풋콩이나 삶은 달걀처럼 소금을 칠 필요가 있는 음식은 수분을 함유한 천일염으로 맛에 깊이를 더한다.

단맛을 강하게 할 때

정제염을 쓴다.

상큼한 단맛을 내고 싶을 때는 정제염을 사용한다. 정제도가 낮은 천일염은 순한 맛을 낸다.

국물 요리에 쓸 때

어떤 소금이든 똑같다.

맛에 차이는 없지만, 정제염이 1작은술 기준 1g이 많다. 많이 넣지 않도록 주의한다.

memo

차이는 정제도 때문이다

정제란 소금에 함유된 마그네슘이나 칼슘 등의 성분을 제거하는 것을 말한다. 정제도가 높은 정제염은 깔끔한 맛이 나고, 정제도가 낮은 천일염은 순한 맛이 난다.

PART 4 | 조미료의 역할과 맛 내기

3 밑손질용 소금

생선

소금을 치고 15분간 재우기
생선을 굽기 15분 전에 소금을 치면 겉의 살이 줄어들어 속살이 꽉 차게 구워진다.

오이

도마에 굴리기
오이 겉의 조직에 상처를 내 빛깔 좋고 부드럽게 만든다.

오이

소금으로 비비기
소금의 탈수작용으로 아삭아삭 식감이 좋아지고 조미액도 잘 배어든다.

오크라

도마에 굴리기
솜털이 떨어져 겉이 매끄러워지고 신선한 초록빛이 난다.

양파

비벼 씻기
매운 맛을 빼고 싶을 때 소금으로 비비면 세포가 허물어져 매운 성분이 잘 녹아나온다.

토란

소금으로 비비기
소금에는 미끈거리는 물질을 응고시키는 성질이 있어 소금으로 비비면 미끈거리는 것을 막을 수 있다.

박고지

소금으로 비비기
섬유가 단단하므로 소금으로 세포의 겉을 허물어 연하고 폭신하게 만든다.

조개

모래 빼기
바지락 등의 쌍각류는 바닷물과 비슷한 환경의 소금물에 담가 소금을 뱉게 한다.

---

memo

짠 재료에 소금 넣기?
짠 재료에서 염분을 뺄 때는 1%의 소금물에 담그면 소금이 더 빨리 녹아나온다고 한다. 이러한 작업은 주로 소금절이 등의 짠맛을 덜기 위해 한다.

> 조미료 사용법

쇼유·미소

쇼유(간장)와 미소(된장)는 일본의 대표적인 전통 발효 조미료이다. 요리의 맛을 가다듬고 향과 풍미를 더할 뿐 아니라 잡내를 제거하는 효과도 있다.

1 쇼유(간장)의 종류와 사용법

쇼유(간장)의 종류

진한 쇼유(간장)
콩과 밀이 주원료이며, 빛깔, 향, 맛의 균형이 좋다.

연한 쇼유(간장)
콩과 밀이 주원료이며, 염분량이 높고 색이 옅어 재료의 빛깔을 살린다.

장기 숙성한 진한 쇼유(간장)
콩이 주원료로, 색과 맛 모두 농후하다. 생선회나 닭꼬치의 장으로 쓰인다.

사용법

색을 맑게 할 때

연한 쇼유를 넣는다.
나물 두부 무침이나 채소의 빛깔을 살려야 하는 국물 요리, 우동 국물 등에 사용한다.

국물 요리

진한 쇼유를 두 번에 나눠 넣는다.
향이 잘 빠지므로 국물 요리에서는 조미와 향내기 목적으로 나눠서 넣기도 한다.

서양풍 요리

간장 드레싱을 만든다.
샐러드나 스테이크 등의 음식에 소스를 간장으로 조미하면 일본식 느낌이 난다.

---

memo
장기 숙성한 진한 간장과 생선회 간장의 차이점
둘 다 색과 맛은 농후하다. 생선회 간장은 재양조 간장이라고도 부르며, 한 번 만든 간장을 다시 양조해서 만든다.

2 미소(된장)의 종류와 사용법

미소의 종류

쌀누룩 미소
콩에 쌀누룩, 소금을 넣고 숙성한 것이다. 짜게 간을 한 된장(카라미소)과 싱겁게 간을 한 된장(아마미소)이 있으며 색은 다양하다.

보리누룩 미소
콩에 보리누룩, 소금을 넣고 숙성한 것이다. 보리의 향과 감칠맛이 있으며 색은 엷다.

콩누룩 미소
콩에 콩누룩, 소금을 넣고 숙성한 것이다. 단맛이 조금 엷고 다갈색을 띤다.

사용법

미소시루(된장국) 끓이기

부글부글 끓이지 않는다.
부글부글 끓이면 미소의 향이 날아가고, 감칠맛 성분이 변해 맛도 나빠진다.

미소 조림 만들기

두 번에 나눠 넣는다.
가열하면 향이 날아가므로, 조미할 때 반, 끓어오르기 직전에 나머지 반을 넣는다.

미소 절임

맛과 향, 보존성을 높인다.
미소에 든 아미노산 등의 감칠맛 성분이 풍미를 돋우고, 염분으로 보존성을 높인다.

---

memo

계절에 따라 미소를 구분해서 쓴다.
미소는 종류에 따라 염분 농도가 다르다. 미소의 특성을 살려 계절에 맞게 사용해 보자. 콩누룩 미소나 쌀누룩 미소(붉은색 짠 미소) 등 염분 농도가 높은 미소를 쓰면 담백한 여름철의 미소시루가 되고, 아마미소 등 염분 농도가 낮은 미소를 쓰면 농후하고 잘 식지 않는 미소시루가 된다. 미소시루의 염분 농도는 0.8%이므로 이 수치를 기준으로 한다.

조미료 사용법

설탕 · 미림

요리에 단맛을 더하는 조미료인 설탕과 미림은, 단맛을 낼 뿐만 아니라 음식을 윤기 있게 만드는 등 다양한 역할을 한다.

1 설탕의 종류와 사용법

설탕의 종류

정백당(백설탕)
입자가 곱고 부드럽다. 재료의 감칠맛이나 풍미를 이끌어낸다.

그래뉴당
입자가 매우 굵고 잘 녹으며 굉장히 달다. 음료나 과자에 사용한다.

삼온당(흑설탕)
정제도는 낮지만 단맛이 강하고 감칠맛이 있다. 색은 옅은 갈색으로 부드러운 계통이다.

사용법

연하게 조리기

콩을 달짝지근하게 조릴 때 사용한다.

단맛이 나는 조림은 설탕을 한꺼번에 넣으면 수분이 빠져 콩이 단단해지므로 여러 번에 걸쳐 넣는다.

달걀 흰자에 넣기

머랭을 만든다.
흰자에 설탕을 넣어 거품을 일으킨다. 설탕이 거품의 수분을 앗아가 거품이 잘 사라지지 않게 한다.

젤 형태로 만들기

잼으로 만든다.
설탕은 과일에 든 펙틴이나 산과 결합하여 젤 형태가 되는 성질이 있다.

memo

설탕이 단맛만 내는 것은 아니다
설탕은 물에 잘 녹는 보수성을 가지고 있다. 또한 잼과 같이 젤 형태로 굳히는 기능도 한다.

2 미림의 종류와 사용법

미림의 종류

본미림
쌀과 누룩이 주원료인 주류로, 단맛과 감칠맛이 있다.

미림풍 조미료(소금 함유)
원료는 감칠맛 조미료나 설탕 등이다. 염분량에 주의하여 사용한다.

미림풍 조미료(알코올 제거)
알코올 성분이 거의 들어 있지 않아 증발이 필요 없다.

memo
증발시킨 미림이란?
미림과 술에 든 알코올 성분은 요리의 풍미를 해친다. 따라서 알코올은 증발시키고 단맛과 감칠맛만 남긴다.

사용법

생선 데리야키 양념에 넣기

생선의 겉면이 말랐을 때 바른다.

겉면이 젖은 상태에서 미림이 든 양념을 바르면, 수분으로 인해 양념이 묽어지고 잘 배지 않으므로 주의한다.

채소가 든 국물 요리에 넣기

재료가 완전히 익었을 때 넣는다.

미림은 재료가 익고 나서 넣는다. 당분으로 인해 재료가 부서지는 것을 막는 효과가 있다.

밤 긴톤에 넣기

기호에 따라 사용한다.

본미림과 미림풍 조미료를 비교했을 때, 맛과 풍미의 차이가 거의 없다.

memo
미림 대신에 설탕을 사용하기도 한다.
미림 대신에 설탕 2작은술, 니혼슈(日本酒) 1큰술을 쓰기도 한다. 본미림에 가까운 맛이 나지만, 미림만큼 윤이 나지 않는다. 그리고 요리술을 쓸 경우, 염분이 첨가되어 있어 자칫 요리가 짜질 수도 있으니 주의한다.

COLUMN

육수가 되는 주된 재료

육수의 주된 재료로는 다시마와 가쓰오부시, 멸치, 말린 표고버섯, 말린 새우, 말린 조개관자, 닭 뼈, 서덜 등 굉장히 종류가 다양하며 감칠맛과 풍미도 다르다. 이러한 재료를 물에 불리고 끓여내어 감칠맛 성분이 녹아나오면서 시원한 육수가 된다.
이외에도 시중에 판매되는 일본식 육수 조미료, 고형 부용 등은 사용이 간편하다는 장점이 있지만, 손수 자연의 재료로 우려낸 육수가 더 깊은 맛이 난다. 육수의 맛을 잘 살리면 소금과 같은 조미료를 덜 써도 되므로 염분 줄이기에도 도움이 된다. 용도에 맞게 육수를 다양하게 골라 써 보자.

다시마
리시리콘부, 마콘부 등을 건조시킨 것으로, 등급이 높을수록 감칠맛이 난다.

가쓰오부시
가쓰오를 익혀 건조시키고, 곰팡이(가쓰오부시균)가 피도록 한 뒤에 얇게 깎아낸 것이다.

건멸치
멸치를 삶고 건조시킨 것으로, 소금기가 약간 강하다.

건새우
새우를 건조시킨 것으로, 주로 중화요리 또는 에스닉 요리의 육수로 사용된다.

PART 5

알아두면 좋은 기준량 & 정미량

재료와 조미료의 기준량&정미량을 알면 조리법에 나온 분량을 정확히 읽을 수 있다. 맛있는 요리는 올바른 중량을 아는 데 있다.

> 기준량 알기

알면 도움 되는
기준량&정미량과 폐기량

> **기준량 알기**
>
> 시중에 유통되는 요리 재료의 크기와 중량을 파악해 조리와 영양 계산에 활용한다.

양배추…1/2개=650g

재료의 단위에 대한 중량을 파악한다.

기준량이란 재료의 단위에 대한 중량을 말한다. 예를 들어, 재료에 ○○ 1개, ○○ 1장, ○○ 1조각, ○○ 1토막 등의 단위가 표시되어 있는데, 이 단위에 대한 중량의 기준이 기준량이다. 기준량을 파악해 두면 칼로리 등 영양 성분을 계산할 때 도움이 된다. 또한, 하루에 필요한 재료의 기준량도 확인할 수 있다.

폐기율과 정미량 이해하기

조리법에 나오는 분량은 정미량 기준이다

채소의 껍질이나 씨, 생선의 머리 또는 내장 등 못 먹는 부분의 양의 비율을 폐기율이라고 한다. 폐기율은 〈일본 식품 표준 성분표〉에 정해져 있는데, 기준량에 폐기율을 곱하면 폐기량, 그리고 기준량에서 폐기량을 빼면 정미량이 되고, 기본적으로 조리법에 게재되어 있는 분량은 정미량을 기준으로 한다.

$$폐기율(\%) = \frac{폐기량(g)}{기준량(g)} \times 100$$

기준량&정미량과 폐기량의 관계

기준량 — 재료의 단위에 대한 중량의 기준을 나타낸다.

폐기량 — 폐기율을 참고하여 기준량에 폐기율을 곱한 것이 폐기량이다.

정미량 — 기준량에서 폐기량을 뺀 먹을 수 있는 부분으로, 조리법에 나오는 분량이 정미량이다.

- 전갱이 1마리 150g − 머리, 내장, 비늘, 중간 뼈 80g = 세 장 뜨기 한 생선 1토막 70g
- 무 1개 1,000g − 잎, 밑동, 껍질 250g = 통썰기 한 무 750g

기준량 · 정미량 · 폐기율 표

잎채소

심, 밑동, 줄기 등 단단한 부분을 제외하면 대부분 먹을 수 있는 잎채소이다. 전체적으로 폐기율이 낮은 것이 특징이다.

재료명		기준량	정미량	폐기율
양배추 양배추는 비타민 C가 풍부하다. 특히 심 주위에 많다.	양배추	1개=1300g	1개=1105g	15% (겉잎과 심 제거)
		1/2개=650g	1/2개=550g	15% (겉잎과 심 제거)
		1/4개=325g	1/4개=275g	15% (겉잎과 심 제거)
		1장 (25×25cm)=40g	1장=35g	15% (겉잎과 심 제거)
	봄양배추	1개=1050g	1장=890g	15% (겉잎과 심 제거)
		📎memo 봄양배추는 일반 양배추에 비해 결구가 느슨하다. 싱싱하고 부드러운 식감이 특징이다.		
	적양배추	1개=1250g	1개=1065g	15% (겉잎과 심 제거)
		1/2개=625g	1/2개=530g	15% (겉잎과 심 제거)
		📎memo 자색은 안토시아닌이라는 천연색소로, 눈에 좋은 성분이다. 물에 잘 녹으며, 생으로 먹는 것이 좋다.		
	싹양배추	3개=45g	1개=15g	0%
		📎memo 하나의 줄기에서 수확할 수 있는 수는 50~80개이다. 일반 양배추보다 비타민 C가 많다.		
경수채 특유의 톡 쏘는 향이 특징이다.		1다발=65g	1다발=62g	5% (맡동 잘라냄)

PART 5 | 알아두면 좋은 기준량&정미량

재료명		기준량	정미량	폐기율
소송채 철이나 칼슘 등은 시금치보다 더 풍부하다. 대체로 올곧고 아린 맛도 적다.		1단=230g	1단=230g	15% (밑동 잘라냄)
		1포기=45g	1포기=40g	15% (밑동 잘라냄)
쑥갓 독특한 향이 위장 운동을 촉진한다. 부드러운 잎은 생으로 먹어도 된다.		1단=220g	1단=190g	10% (밑동 잘라냄)
		1포기=25g	1포기=23g	10% (밑동 잘라냄)
청경채 기름과의 궁합이 매우 좋다. 데칠 때는 기름을 조금 넣는다.		1포기=100g	1포기=85g	15% (밑동 잘라냄)
유채꽃 꽃줄기와 봉오리 모두 식용 가능한 봄채소로, 특유의 쌉쌀한 맛이 있다.		1단=200g	1단=190g	5% (밑동 잘라냄)
		1개=40g	1개=38g	5% (밑동 잘라냄)
부추 자양강장 효과가 높다. 구황부추, 꽃부추도 있다.		1단=100g	1단=95g	5% (밑동 잘라냄)
배추 1개의 중량은 2~3kg 정도이다. 요즘은 먹고 처리하기 쉬운 얼갈이배추도 인기다.		1포기=3500g	1포기=2800g	20% (겉잎과 심 제거)
		1/4포기=875g	1/4포기=700g	20% (겉잎과 심 제거)
		1장=80g	1장=80g	-
반결구상추 상추의 일종으로, 부드러운 식감이며 광택이 있다. 요리의 부재료로 좋다.		1개=90g	1개=80g	10% (심 제거)
		1장=5g	1장=5g	-
몰로키아 비타민 A, B군, C와 칼슘 등을 다량 함유한 영양가 높은 채소이다.		1단=90g	1단=90g	0%
		1단=90g	1단=70g	25% (줄기 제거)

재료명	기준량	정미량	폐기율
시금치 톱니처럼 생긴 잎은 동양종이고, 잎이 둥그스름하면 서양종이다.	1단=240g	1단=230g	5% (밑동 제거)
	1/2단=120g	1/2단=115g	5% (밑동 제거)
	잎 부분 1장=3g	잎 부분 1장=3g	–
양상추 샐러드용 채소로 인기이며, 일반적으로 양상추라 불리는 것은 결구상추이다.	1개=360g	1개=350g	3% (심 제거)
	1/2개=180g	1/2개=175g	3% (심 제거)
	1장=30g	1장=30g	–
적축면상추 잎상추의 일종으로, 잎 끝이 적자색으로 쭈글쭈글한 것이 특징이다.	1개=250g	1개=235g	6% (심 제거)
	1장=25g	1장=25g	–
청축면상추 그린컬이라 불리는 잎상추의 일종으로, 자주 먹는다. 향이 강하지 않다.	1/2개=100g	1/2개=95g	6% (심 제거)
	1장=25g	1장=25g	–
치마상추 잎상추의 일종으로, 한국 요리에 자주 쓰인다.	1장=6g	1장=6g	0%

PART 5 | 알아두면 좋은 기준량&정미량

열매·줄기 채소

씨(속씨), 껍질, 꼬투리 등을 제거하는 것, 꼭지만 떼면 먹을 수 있는 것 등 폐기율은 다양하다. 각 채소에 맞게 밑손질을 한다.

재료명		기준량	정미량	폐기율
아스파라거스 피로 회복에 효과적이다. 이름의 유래가 된 아스파라긴산이 많이 들어 있다.	그린 아스파라거스	1개=30g	1개=25g	20%
		memo 햇빛을 받고 자란 그린 아스파라거스는 선명한 초록빛을 띠고 영양가가 높으며 면역력을 높이는 효과가 있다.		
	화이트 아스파라거스	1개=15g	1개=12g	20% (밑동과 표피 제거)
		memo 흙을 덮거나 하여 햇빛을 쬐이지 않고 재배한 것으로, 감칠맛이 있고 순한 맛이 특징이다.		
	미니 아스파라거스	1개=3g	1개=3g	0%
		memo 그린 아스파라거스를 빨리 수확한 것이다. 부드러워서 밑손질을 하는 수고가 들지 않고 조리하기 쉽다.		
잎 붙은 풋콩 미숙한 콩을 먼저 딴 것이다.		1단=430g (잎, 가지 붙은 것)	1단=170g	60% (잎·가지·꼬투리 제거)
		1봉지=300g (꼬투리만)	1봉지=165g	45% (꼬투리 제거)
		1꼬투리=22g	1꼬투리=15g	30% (꼬투리 제거)
오크라 너무 오래 삶으면 끈끈한 성분이 줄어들므로 주의한다.		1개=10g	1개=9g	15% (꽃받침과 끝 부분 제거)
누에콩 초여름을 대표하는 채소로, 신선도가 생명이므로 가능한 한 빨리 조리한다.		1꼬투리=22g	1꼬투리=15g	30% (꼬투리에서 꺼낸다)
		1알=5g	1알=5g	-
그린피스 폐기율은 높지만 영양가가 많다.		1꼬투리=10g	1꼬투리(콩만)=5g	50% (꼬투리에서 꺼낸다)
		1알=1g	1알=1g	-

209

재료명		기준량	정미량	폐기율
청대완두 어린 꼬투리를 먹는 종류의 완두이다.		1개=2g	1개=2g	8% (꼭지와 줄기 제거)
꼬투리 강낭콩 강낭콩의 어린 꼬투리로, 콩의 특성도 지닌 채소이다.		1개=4g	1개=4g	5% (꼭지와 끝 부분 제거)
스냅완두 꼬투리와 콩을 먹는다.		1꼬투리=8g	1꼬투리=7g	8% (꼭지와 줄기 제거)
양파 일반적인 황색 양파 외에 자색 양파, 작은 양파 등 종류가 다양하다.	양파	중간 크기 1개 (껍질 있음)=160g	중간 크기 1개 =150g	5% (껍질과 위아래 부분 제거)
		중간 크기 1/2개 =80g	중간 크기 1/2개 =75g	5% (껍질과 위아래 부분 제거)
	자색 양파	1개=170g	1개=160g	5% (껍질과 위아래 부분 제거)
		1/2개=15g	1/2개=12g	5% (껍질과 위아래 부분 제거)
	작은 양파	1개=20g	1개=20g	5% (껍질과 위아래 부분 제거)
콜리플라워 봉오리를 먹는 채소이다. 꽃이 핀 것은 단맛이 강하고 부드러우며 값이 싸다. 가열해도 잘 손실되지 않는 비타민 C를 함유하고 있다.		1포기=600g	1포기=300g	50% (잎과 줄기 제거)
		1포기=600g	1포기=450g (줄기도 쓰는 경우)	25% (줄기도 쓰는 경우)
		1송이=15g	1송이=15g	-
오이 요즘은 돌기가 없는 품종도 유통되고 있다. 볶음 요리나 국물 요리의 건더기로 먹어도 좋다.		1개=100g	1개=100g	2% (양쪽 끝 제거)
		얇게 어슷썰기 1장 =3g	얇게 어슷썰기 1장 =3g	-
		채소스틱 1개=7g	채소스틱 1개=7g	-

재료명	기준량	정미량	폐기율
주키니 호박과 사촌지간으로, 담색 채소이며 저칼로리이다. 기름과 궁합이 좋다.	1개=210g	1개=200g	4% (양쪽 끝 제거)
	1/2개(위)=110g	1/2개(위)=105g	5% (가장자리 제거)
	1/2개(아래)=100g	1/2개(아래)=95g	3% (가장자리 제거)
여주 비터멜론이라고도 하는 오키나와를 대표하는 채소이다.	1개=220g	1개=190g	15% (양쪽 끝과 속씨 제거)
셀러리 잎에도 여러 영양소가 들어 있으므로 버리지 않고 먹으면 좋다.	1개=150g	1개=100g	35% (잎과 줄기 껍질 제거)
	1개(줄기만)=100g	1개(줄기만)=98g	2% (줄기 껍질 제거)
	10cm=35g	10cm=35g	-
옥수수 신선도가 떨어지기 쉬우므로 재빨리 삶아서 먹는다.	1개=310g	1개=155g	50% (껍질과 수염, 심 제거)
토마토 원산지는 남미 안데스산맥이며, 전 세계적으로 8천여 종 이상 있다.	토마토 중간 크기 1개=200g	중간 크기 1개=195g	3% (꼭지 제거)
	중간 크기 1개=200g	중간 크기 1개(삶아서 껍질 제거)=185g	8% (꼭지와 껍질 제거)
	중간 크기 1/8개=25g	중간 크기 1/8개=25g	-
	방울토마토 1개=15g	1개=15g	3% (꼭지 제거)
	1팩=190g	1팩=185g	3% (꼭지 제거)
	후르츠 토마토 1개=60g	1개=60g	3% (꼭지 제거)

재료명		기준량	정미량	폐기율
호박　단호박은 고구마 같은 식감이고, 일본호박은 끈적임이 있다.	단호박	1개=1400g	1개=1190g	15% (속씨 제거)
		1/2개=700g	1/2개=600g	15% (속씨 제거)
		얇게 썰기 1장=15g	얇게 썰기 1장=15g	–
	일본호박	1개=700g	1개=600g	15% (속씨 제거)
		1/2개=350g	1/2개=300g	15% (속씨 제거)
가지　일본에는 180여 종이 있으며, 지방 품종이 많다.	이탈리안	1개=80g	1개=70g	10% (꼭지 제거)
	인디언	1개=35g	1개=30g	10% (꼭지 제거)
	재패니즈	1개=120g	1개=110g	10% (꼭지 제거)
	아메리칸 글로브	1개=250g	1개=175g	30% (꼭지 제거)
피망　고추와 사촌지간으로, 비타민류가 많이 들어 있다.	피망	1개=25g	1개=20g	15% (꼭지와 씨 제거)
	적피망	1개=40g	1개=35g	15% (꼭지와 씨 제거)
	파프리카	1개=210g	1개=190g	10% (꼭지와 씨 제거)

PART 5 | 알아두면 좋은 기준량&정미량

재료명	기준량	정미량	폐기율
브로콜리 줄기에 든 비타민 C는 봉오리의 2배나 되므로 버리지 말고 쓰면 좋다. 너무 오래 삶지 않도록 주의한다.	1포기=420g	1포기=210g	50% (잎과 줄기 제거)
	1포기=420g	1포기=300g (줄기도 쓰는 경우)	30% (줄기도 쓰는 경우)
	1송이=15g	1송이=15g	–

뿌리채소 · 감자류

껍질째 먹을 수 있는 것도 있지만, 대부분 껍질을 벗기고 먹는다. 껍질만 버릴 경우 폐기율은 대체로 15%, 죽순은 50%이다.

	재료명	기준량	정미량	폐기율
순무 허물어지기 쉬운 열매 부분은 조리할 때 너무 익지 않도록 주의한다.	순무(잎 달린 것)	큰 것 1개=180g	큰 것 1개=125g	30% (잎과 줄기, 뿌리, 껍질 제거)
		잎만=30g	잎만=30g	–
	순무(줄기 달린 것)	1개=170g	1개=150g	10% (줄기와 뿌리 제거)
		1개=170g	1개=135g	20% (껍질 벗기기)
	작은 순무 (잎 달린 것)	4개=280g	4개=250g	10% (잎과 줄기, 뿌리 제거)
무 위장 활동을 돕고, 강판에 갈아 생으로 먹으면 좋다. 국물 요리, 절임 등 널리 사용된다.		1개=1000g	1개=750g	25% (잎과 껍질 제거)
		1/2개(위)=600g	1/2개(위)=450g	25% (잎과 껍질 제거)
		1/2개(아래)=400g	1/2개(아래)=330g	17% (껍질 제거)
		10cm=350g	10cm=300g	15% (껍질 제거)

재료명	기준량	정미량	폐기율
우엉 우엉을 먹는 것은 전 세계적으로도 드물다고 한다. 변비 해소에 좋은 식품이다.	통째로 1개=165g	1개=150g	10% (끝부분을 자르고, 껍질을 벗긴다)
	자른 것 1개=60g	1개=55g	10% (가장자리를 자르고, 껍질을 벗긴다)
	10cm=30g	10cm=28g	7% (껍질을 벗긴다)
당근 동양종과 서양종으로 나뉘며, 일반적인 당근은 서양종이다.	대 1개=230g	대 1개=190g	18% (양쪽 끝을 자르고, 껍질을 벗긴다)
	중 1개=150g	중 1개=125g	18% (양쪽 끝을 자르고, 껍질을 벗긴다)
	소 1개=90g	소 1개=75g	18% (양쪽 끝을 자르고, 껍질을 벗긴다)
	중 1/2개(위)=110g	중 1/2개(위)=95g	13% (가장자리를 자르고, 껍질을 벗긴다)
	중 1/2개(아래)=40g	중 1/2개(아래)=35g	10% (가장자리를 자르고, 껍질을 벗긴다)
	10cm=120g	10cm=110g	10% (껍질을 벗긴다)
연근 일본에서는 구멍이 뚫린 모양을 보고 '앞날이 밝다'라고 생각해 길한 야채로 여긴다.	대 1마디=330g	대 1마디=265g	20% (양쪽 끝을 자르고, 껍질을 벗긴다)
	중 1마디=190g	중 1마디=150g	20% (양쪽 끝을 자르고, 껍질을 벗긴다)
	소 1마디=150g	소 1마디=120g	20% (양쪽 끝을 자르고, 껍질을 벗긴다)
죽순 신선도가 떨어지면 단단해지고 아린 맛이 나므로 신선할 때 삶는다.	1개(껍질 있음)=300g	1개=150g	50% (껍질과 밑동 제거)
	1개(삶은 죽순)=240g	1개(삶은 죽순)=240g	-
	이삭 부분 1/2개(삶은 죽순)=75g	이삭 부분 1/2개(삶은 죽순)=75g	-
	밑동 1/2개(삶은 죽순)=165g	밑동 1/2개(삶은 죽순)=165g	-

PART 5 | 알아두면 좋은 기준량&정미량

재료명		기준량	정미량	폐기율
고구마 껍질 주변에 식이섬유가 많으므로 변비가 잦은 사람은 껍질째 먹으면 좋다.		1개=400g	1개=360g	10% (양단 제거)
		1/4개=200g	1/4개=180g	9% (가장자리 제거)
		10cm=230g	10cm=215g	6% (가장자리 제거)
토란 일본에서는 모구, 자구, 손구로 주렁주렁 나오는 모양을 보고, 길한 야채로 여긴다.	토란	1개=80g	1개=70g	15% (껍질을 벗긴다)
	작은 토란	1개=30g	1개=25g	15% (껍질을 벗긴다)
	새우토란	1개=170g	1개=145g	15% (껍질을 벗긴다)
감자 남작은 고구마 같은 식감이며, 메이크인은 끈적임이 있다.	남작	1개=150g	1개=135g	10% (껍질을 벗긴다)
		1/2개=75g	1/2개=70g	10% (껍질을 벗긴다)
	메이크인	1개=150g	1개=135g	10% (껍질을 벗긴다)
	햇감자	1개=50g	1개=45g	10% (껍질을 벗긴다)
마 생으로 먹을 수 있다.	마	1개=540g	1개=460g	15% (껍질을 벗긴다)
		10cm=290g	10cm=250g	15% (껍질을 벗긴다)
	참마	1개=880g	1개=750g	15% (껍질을 벗긴다)

재료명		기준량	정미량	폐기율
야마토이모		1/2개=280g	1/2개=240g	15% (껍질을 벗긴다)
		1컵(강판 갈기) =220g	1컵(강판 갈기) =220g	–

버섯류 · 향미야채 · 기타

버섯류는 대부분 축 끝에 있는 밑뿌리를 잘라낸다. 마늘, 생강은 1쪽의 기준량을 알아두면 편리하다.

재료명		기준량	정미량	폐기율
표고버섯 감칠맛이 있고 향이 좋다. 말리면 비타민 D가 증가한다.		1장=30g	1장=25g	25% (축 제거)
		1장=30g	1장=28g	5% (밑뿌리 제거)
팽이버섯 희고 가느다란 자루가 특징이며, 요즘에는 갈색도 있다.		대 1팩=200g	대 1팩=170g	15% (밑뿌리 제거)
땅찌만가닥버섯 일본에서는 맛과 향을 내세운 별칭이 있을 정도로 맛이 좋고, 식감도 좋다.		1개=40g	1개=35g	15% (밑동 제거)
		1/2개=20g	1/2개=15g	15% (밑동 제거)
느티만가닥버섯 일반적인 만가닥버섯으로, 자연의 느티만가닥버섯은 약간 쓴맛이 있다.		1팩=200g	1팩=170g	15% (밑뿌리 제거)
		1/2팩=100g	1/2팩=80g	15% (밑뿌리 제거)
하얀느티만가닥버섯 느티만가닥버섯을 품종 개량한 하얀 버섯이다.		1팩=140g	1팩=120g	15% (밑뿌리 제거)
새송이버섯 버섯 가운데서도 식이섬유가 풍부하며 쫄깃한 식감이 특징이다.		대 1개=80g	대 1개=75g	8% (밑동 제거)
		소 1개=30g	소 1개=30g	8% (밑동 제거)

PART 5 | 알아두면 좋은 기준량&정미량

재료명		기준량	정미량	폐기율
잎새버섯 갓이 겹쳐지는 모양이며, 식감과 향이 좋다.		1팩=105g	1팩=100g	10% (밑뿌리 제거)
머시룸 전 세계적으로 가장 많이 먹는 버섯이라고 한다.		1개=15g	1개=15g	5% (밑뿌리 제거)
나도팽나무버섯(맛버섯) 겉에 점액질이 있으며, 독특한 식감이 난다.		1팩=105g	1팩=105g	-
		1컵=110g	1컵=105g	-
마늘 파와 사촌지간으로, 인편(鱗片)이 6개인 육편종과 12~13개인 재래종이 있다.		1쪽=5g	1쪽=5g	8% (껍질을 벗기고, 심을 제거한다)
		1큰술(잘게 다지기)=10g	1큰술(잘게 다지기)=10g	-
		1작은술(잘게 다지기)=3g	1작은술(잘게 다지기)=3g	-
		1큰술(강판 갈기)=15g	1큰술(강판 갈기)=15g	-
		1작은술(강판 갈기)=5g	1작은술(강판 갈기)=5g	-
생강 일반적인 것은 묵은 생강이다. 수확 후 2개월 이상 보관한 뒤 출하한다.		1쪽=15g	1쪽=10g	20% (껍질을 벗긴다)
		얇게 썰기 1장 (껍질 있음)=3g	얇게 썰기 1장 (껍질 있음)=3g	-
		1큰술(잘게 다지기)=10g	1큰술(잘게 다지기)=10g	-
		1작은술(잘게 다지기)=3g	1작은술(잘게 다지기)=3g	-
		1큰술(강판 갈기)=15g	1큰술(강판 갈기)=15g	-
		1작은술(강판 갈기)=5g	1작은술(강판 갈기)=5g	-

재료명		기준량	정미량	폐기율
양하 일반적으로 먹을 수 있는 것은 꽃 이삭 부분이다.		1개=20g	1개=20g	3% (밑동 제거)
대파 재배 시에 흙에 기대어 의지하기 때문에 흰 부분이 길다.		1개=140g	1개=100g	30% (뿌리와 파란 부분 제거)
		1/2개=60g (흰 부분)	1/2개=60g (흰 부분)	-
		10cm=30g	10cm=30g	-
		1큰술(잘게 다지기) =8g	1큰술(잘게 다지기) =8g	-
실파 대파를 일찍 수확한 것이다.		1단=95g	1단=90g	6% (밑동 제거)
		1큰술(송송 썰기) =3g	1큰술(송송 썰기) =3g	-
		1작은술(송송 썰기) =1.5g	1작은술(송송 썰기) =1.5g	-
쪽파 파와 양파의 잡종으로, 줄기가 여러 쪽으로 나뉘는 모양이다.		1단=155g	1단=150g	4% (밑동 제거)
		1큰술(송송 썰기) =3g	1큰술(송송 썰기) =3g	-
		1작은술(송송 썰기) =1.5g	1작은술(송송 썰기) =1.5g	-
머위 일본 특산의 산채이다. 아이치(愛知) 지역의 조생 머위가 유명하다.		1단=370g	1단=220g	40% (뿌리와 껍질, 잎 제거)
콩나물류 콩의 종자를 발아시킨 것으로, 특별히 제철은 없다.	숙주나물	1봉지=230g	1봉지=225g	3% (수염뿌리 제거)
	콩나물	1봉지=180g	1봉지=175g	4% (수염뿌리 제거)

PART 5 | 알아두면 좋은 기준량&정미량

재료명	기준량	정미량	폐기율
푸른 차조기 꽃 이삭은 생선회의 곁들임용으로, 붉은 차조기는 매실장아찌 등에 사용된다.	1단(10장)=10g	1단(10장)=10g	0%
	1장=1g	1장=1g	0%

memo

폐기율이 높은 채소

열매가 꼬투리에 감싸져 있는 풋콩과 누에콩, 그린피스, 여러 겹의 껍질에 뒤덮여 있는 죽순, 그리고 심이 굵은 옥수수 등은 폐기율이 높다. 한편, 브로콜리와 같이 줄기의 사용 여부를 선택할 수 있는 채소는 폐기율이 변할 수 있다.

과일류

간식, 디저트, 주스, 스무디 등 다양한 방법으로 이용할 수 있다.

재료명	기준량	정미량	폐기율
아보카도 영양가가 높은 열매이나 고지방이므로 너무 많이 먹지 않도록 주의한다.	1개=200g	1개=140g	30% (껍질과 씨 제거)
	1/2개=100g	1/2개=70g	30% (껍질과 씨 제거)
딸기 6~7개 정도면 하루 필수 비타민 C를 섭취할 수 있다.	1개=20g	1개=20g	2% (꼭지 제거)
오렌지 네이블, 발렌시아 등 품종이 다양하다. 일본산 오렌지도 있다.	1개=300g	1개=180g	40% (껍질과 박피, 씨 제거)
	1/2개=150g	1/2개=90g	40% (껍질과 박피, 씨 제거)
밀감 감귤류 중에서도 껍질이 얇아 먹기 좋다.	소 1개=60g	소 1개=45g	25% (껍질과 씨 제거)

재료명	기준량	정미량	폐기율
레몬 과일 가운데 비타민 C 함유량이 가장 많다. 껍질에 과육의 약 2배의 비타민 C가 들어 있다.	1개=120g	1개=115g	3% (꼭지와 씨 제거)
	1/2개=60g	1/2개=60g	−
	1장(통썰기)=10g	1장(통썰기)=10g	−
키위 단백질 분해효소가 들어 있어 육류 및 생선 요리와 함께 먹으면 소화 촉진을 돕는다.	1개=100g	1개=85g	15% (꼭지와 껍질 제거)
	1/2개=50g	1/2개=40g	15% (꼭지와 껍질 제거)
자몽 쓴맛이 약간 있는 것이 특징이다. 과육의 색은 화이트, 핑크, 루비 등이 있다.	1개=340g	1개=240g	30% (껍질과 박피, 씨 제거)
	1/2개=170g	1/2개=120g	30% (껍질과 박피, 씨 제거)
수박 여름철 수분 보충에 좋다. 달콤한 부분은 한가운데와 덩굴 가까운 곳, 그리고 씨 주위이다.	중 1통=5kg	중 1통=3kg	40% (껍질과 씨 제거)
	1/8통=625g	1/8통=375g	40% (껍질과 씨 제거)
바나나 파랗게 덜 익은 채 수입해 완숙시켜 출하한다. 갈색 반점이 생기기 시작하면 먹기 적당하다.	1개=170g	1개=100g	40% (껍질 제거)
	1송이=850g	1송이=500g	40% (껍질 제거)
멜론 사막지대의 대중적인 과일이 일본에 건너와서는 온실에서 재배하는 고급 과일이 되었다.	소 1개=1kg	소 1개=550g	45% (껍질과 씨 제거)
	1/8개=125g	1/8개=70g	45% (껍질과 씨 제거)
사과 왕림, 홍옥, 조나골드, 후지, 육오 등 다양한 품종이 있다.	1개=270g	1개=230g	15% (껍질과 씨, 심 제거)
	1/2개=135g	1/2개=115g	15% (껍질과 씨, 심 제거)
	1/8개=35g	1/8개=30g	15% (껍질과 씨, 심 제거)

PART 5 | 알아두면 좋은 기준량&정미량

재료명		기준량	정미량	폐기율
배 행수, 풍수, 신수는 '산수' 품종의 일종이다.		1개=300g	1개=255g	15% (껍질과 씨, 심 제거)
복숭아 익을 때까지 상온에 둔다. 달콤한 향이 나기 시작하면 먹는다.		1개=250g	1개=210g	15% (껍질과 씨 제거)
포도(델라웨어) 델라웨어는 알이 작은 품종으로, 씨가 없어 먹기 편하다.		1송이=150g	1송이=130g	15% (씨 제거)
비파 초여름 느낌이 나는 과일 중 하나로, 제철이 짧다.		1개=50g	1개=35g	30% (껍질과 씨 제거)
무화과 미용 효과가 뛰어나다.		1개=100g	1개=85g	15% (껍질 제거)
라임 레몬보다 크기가 작고 신맛이 강하다.		1개=90g	과즙 1개분=30g	65% (껍질과 씨 제거)

종자류

건강과 미용에 좋은 재료 가운데 하나이다. 견과류는 하루에 10~20알, 참깨는 1/2~1큰술을 섭취하면 좋다.

재료명		기준량	재료명		기준량
아몬드 비타민 E가 풍부하다. 아몬드 밀크에도 주목해 보자.	홀 아몬드	1컵=110g	참깨 영양이 풍부한 건강식품이다. 색은 흰색, 검정색, 노랑색이 있다.	볶은 참깨	1큰술=9g
		1알=1.5g			1작은술=3g
	슬라이스	1컵=80g		참깨 페이스트	1큰술=15g
					1작은술=5g
호두 건강에 좋은 오메가3 지방산 함유량이 견과류 중에 가장 많다.		1컵=80g		빻은 참깨	1큰술=15g
		1개=4g			1작은술=5g
캐슈넛 견과류 중에 지방성분이 적다.		1컵=120g	📎 **memo** 아몬드와 호두 같은 견과류는 항산화 성분이 많이 들어 있다. 과자와 빵을 만들 때 쓰일 뿐 아니라, 샐러드, 무침, 요거트에 넣어 먹거나 간식 대용으로도 좋다. 되도록 소금이 없는 것을 선택한다. 종자류는 계량컵과 계량스푼의 기준량을 알아두면 편리하다.		
		1알=1.5g			
단밤(껍질 제거한 것) 일본의 밤은 속껍질을 벗기기 어렵다. 시중에는 중국산이 많다.		1컵=160g			
		1알=5g			

건과일류

과일의 풍미와 영양이 응축되어 있는 건과일은 식이섬유가 많이 들어 있어 장을 편하게 해준다. 과자를 만들 때 쓰인다.

재료명	기준량	재료명	기준량
건포도 캘리포니아 산이 유명하다.	1컵=130g	무화과 건조시킨 열매는 생약으로도 쓰인다.	1컵=120g
프룬 미용 효과가 좋아 여성에게 인기 있다.	1컵=150g	크랜베리 신맛이 강해 생식으로는 부적절하다.	1컵=130g

PART 5 | 알아두면 좋은 기준량&정미량

해조류

해조류는 저칼로리로 미네랄과 식이섬유가 풍부하다. 염장하거나 건조시킨 것은 오래 보존할 수 있으므로, 늘 구비해 놓고 매일 섭취하자.

재료명	기준량	재료명	기준량
다시마 마콘부, 리시리콘부, 히다카콘부 등 종류가 다양하다.	3cm 크기=1g / 10cm 크기=10g	**건조 미역** 보존성이 좋고, 소금을 뺄 필요가 없어 편리하다.	1큰술=2g / 1컵=25g →불리면 250g
잘게 썬 건조 다시마 실다시마라고도 한다.	1팩=40g →불리면 170g	**건조 톳** 부위에 따라 작은 가지는 싹톳, 줄기 부분은 장톳이라고 한다.	1큰술=3g →불리면 30g
염장 미역 살짝 데치고 소금에 절여 가공한 것이다.	한 움큼=40g →불리면 50g	**큰실말** 독특한 점액질이 있는 실 모양의 해조류이다.	1컵=180g
memo	건조, 염장 등 각각의 불리기 전과 불린 후의 중량을 알아두면 편리하다.	**해조 믹스** 여러 종류의 해조를 혼합한 것이다.	1봉지=40g →불리면 170g

육류

사전에 밑손질이 된 고기 종류이다. 뼈가 있는 것은 폐기량이 많고 먹을 수 있는 부분이 적다. 기준량을 알면 요리하는 데 도움이 된다.

	재료명		기준량	정미량	폐기율
얇게 썬 돼지고기 종류는 다양하다. 요리에 맞게 부위를 선택한다.	등심		대 1팩=300g	대 1팩=300g	0%
			1장=20g	1장=20g	0%
	목심		1장=35g	1장=35g	0%
	뒷다리살		1장=20g	1장=20g	0%

223

	재료명		기준량	정미량	폐기율
덩어리 돼지고기 수육, 조림, 돈가스, 스테이크 등 다양한 요리에 이용할 수 있다.	안심		1개=250g	1개=250g	0%
	등심 (비계 있는 것)		1개=270g	1개=270g	0%
	필레살		1개=200g	1개=200g	0%
	돈가스· 스테이크용		1장=100g	1장=100g	0%
	갈비		대 1개=140g	대 1개=90g	35%(뼈 제거)
			소 1개=40g	소 1개=25g	35%(뼈 제거)
쇠고기 특히 철분이 많다. 와규는 수분이 적고 비계가 많다.	비프스테이크용 (등심/비계 있는 것)		1장=140g	1장=140g	0%
	로스트비프용		1개=230g	1개=230g	0%
	사태		1장=85g	1장=85g	0%
	얇게 썬 우둔· 설도		1장=30g	1장=30g	0%
닭 안심살 1마리에 2개밖에 나오지 않는 희소한 부위이다.			1개=50g	1개=48g	5% (힘줄 제거)

PART 5 | 알아두면 좋은 기준량&정미량

재료명		기준량	정미량	폐기율
닭 가슴살 저지방 고단백질로, 부드럽고 담백한 맛이다.	껍질 붙은 것	1장=270g	1개=270g	0%
	껍질 없는 것	1장=215g	1장=215g	0%
	베어 썬 것	1조각=20g	1조각=20g	0%
닭 넓적 다리살 다리의 시작점 근처 부위이다. 지방이 많고 감칠맛이 있다.	껍질 붙은 것	1장=280g	1장=280g	0%
	껍질 없는 것	1장=200g	1장=200g	0%
	한 입 크기	1조각=25g	1조각=25g	0%
닭 뼈 있는 살 뼈 있는 살은 튀김요리 끓이는 요리 수프 등에 자주 사용된다.	뼈 있는 넓적다리 살	1개=340g	1개=200g	40% (뼈 제거)
	닭 날개 끝	1개=55g	1개=35g	40% (뼈 제거)
	닭윙	1개=25g	1개=15g	40% (뼈 제거)
	닭봉	1개=45g	1개=30g	40% (뼈 제거)

재료명		기준량	정미량	폐기율
닭 모래주머니 위장의 근육 부분이다.		1장=30g	1장=30g	0%
닭 모래주머니(살 부분만) 지방이 거의 없으며, 쫄깃쫄깃한 식감이다.		1개=4g	1개=4g	0%

간·다짐육·가공육

밑손질과 가공되어 있으므로 폐기량은 없다. 그대로 바로 조리할 수 있어서 편리하다. 간은 조리하기 전에 피를 빼고 냄새를 잡는다.

	재료명	기준량
간 비타민류나 철분 등 영양소가 많이 들어 있다.	소 간	1조각=15g
	돼지 간	1조각=10g
	닭 간	1개=55g
다짐육 다짐기로 조각낸 고기로, 부드럽고 먹기 편하지만 상하기 쉽다.	쇠고기 다짐육	소 1팩=100g
	돼지고기 다짐육	소 1팩=130g
	닭고기 다짐육	소 1팩=125g
	혼합 다짐육 (쇠고기 6 : 돼지고기 4)	소 1팩=130g

	재료명	기준량
가공육 주로 보존성을 높이기 위해 가공한 육류 제품을 말한다.	햄 (등심/슬라이스)	1장=20g
	햄 (뼈 없음/블록)	1개=620g
	베이컨 (슬라이스)	1장=15g
	베이컨 (블록)	1개=280g
	소시지	1개=20g
	후랑크	1개=25g

📎 memo 가공육의 하루 섭취량은 70g 이하로 하는 것이 좋다고 하지만, 이는 매일 먹었을 경우를 가정한 기준이다.

PART 5 | 알아두면 좋은 기준량&정미량

생선

생선을 집에서 손질하면 발라낸 뼈도 버리지 않고 조리할 수 있다. 기준량과 폐기율을 알아두면 조리할 때 편리하다.

재료명	기준량	정미량	폐기율
전갱이 예전에는 소금구이 혹은 포를 주로 먹었지만, 요즘은 생선회로도 자주 나온다.	1마리=150g	1마리=70g	55% (머리, 내장, 중간 뼈, 모비늘 제거)
	세 장 뜨기 1장=35g	세 장 뜨기 1장=35g	0%
	배 갈라 말린 것 1장=60g	배 갈라 말린 것 1장=60g	0%
정어리 검은 반점이 특징이다. 이 반점이 2~3줄 있는 것도 있다.	1마리=110g	1마리=50g	55% (머리, 내장, 중간 뼈 제거)
	세 장 뜨기 1장=25g	세 장 뜨기 1장=25g	0%
	배 갈라 말린 것 1장=65g	배 갈라 말린 것 1장=65g	0%
가자미 자주 먹는 생선 중 하나로, 겨울부터 봄까지 있는 알 밴 것도 별미다.	1마리=160g	1마리=80g	50% (머리, 내장, 중간 뼈 제거)
꼬치고기 대형 생선으로, 살이 오른 소금구이가 별미다.	1마리=150g	1마리=90g	40% (머리, 내장, 중간 뼈 제거)
꽁치 지방의 감칠맛과 내장의 쓴맛이 좋은 가을 생선이다.	1마리=160g	1마리=110g	30% (머리, 내장, 중간 뼈 제거)
도미 일본에서는 예로부터 길한 생선이라고 해서 귀하게 여겨져 왔다.	1마리=330g	1마리=165g	50% (머리, 내장, 중간 뼈 제거)

memo 생선의 폐기 부위는?

생선의 주된 폐기 부위는 머리, 내장, 뼈 등이지만, 생선의 신선도나 크기에 따라 폐기하는 부위도 먹을 수 있다. 또한, 서덜로 시원한 국물을 낼 수도 있다.

토막 생선·생선회·건어물

밑손질을 하지 않고 그대로 조리할 수 있어 편리하다. 한 조각과 한 덩어리의 기준량을 알아두고 조리에 참고하자.

재료명		기준량	재료명		기준량
연어 식탁에 자주 오르는 생선 중 하나이다. 종류와 가공품도 다양하다.	생 연어	1토막=120g	삼치 고등어와 사촌지간으로, 사람들이 좋아하는 부드러운 식감이다.		1토막=100g
	염장 연어	1토막=120g	보리멸 수분이 많고 저지방이어서 다이어트에 좋다.		배를 갈라 말린 것 1장=25g
	훈제 연어	1장=10g	생선회 해산물을 날로 먹는 일본의 대표적인 요리이다.	가다랑어	1덩어리=260g
빛금눈돔 도미와는 다른 종이며, 주황빛이 눈에 띄는 고급 생선이다.		1토막=100g		참치	1덩어리=230g
방어 성장 정도에 따라 불리는 이름이 다 드다.		1토막=110g	건어물 해산물을 말려 보존성을 높인 식품이다.	열빙어	1마리=15g
고등어 신선도가 떨어지기 쉬우므로 빨리 조리한다.		절반 1토막=180g		말린 전갱이	1마리=120g
도미 지방분이 적고 소화 흡수가 잘된다.		1토막=100g	memo 열빙어는 머리부터 꼬리까지 먹을 수 있어 폐기할 부분이 없다. 껍질과 뼈의 영양까지 모두 섭취할 수 있다.		

memo 토막 생선의 폐기율은 거의 0일까?

토막 생선은 껍질을 남기기도 하므로 폐기율이 0이라고는 할 수 없다. 껍질에는 다양한 영양소가 들어 있어 껍질 섭취 여부에 따라 영양가가 달라진다. 껍질도 먹을 수 있는 조리 방법으로 폐기율을 0으로 만들어 보자.

PART 5 | 알아두면 좋은 기준량&정미량

해산물 일반

해산물은 저칼로리에 고단백질이 많다. 새우나 조개 등 껍질이 있는 재료는 폐기율이 높으니 구입 시 주의한다.

	재료명		기준량	정미량	폐기율
새우 길게 여겨지는 요리 재료이다. 통째로 먹는 사쿠라새우는 칼슘이 풍부하다.	머리 있는 새우 (블랙타이거)		4마리=100g	4마리=45g	55% (머리와 껍질, 내장 제거)
	머리 없는 새우 (보리새우)		7마리=100g	7마리=75g	25% (껍질과 내장 제거)
	칵테일 새우		1컵=170g	1컵=170g	0%
	사쿠라 새우		1컵=25g	1컵=25g	0%
			1큰술=2g	1큰술=2g	0%
문어 일본은 전 세계적으로 문어를 가장 많이 먹는다고 한다.	삶은 문어		작은 문어 1마리 =250g	작은 문어 1마리 =250g	0%
			다리 1개=130g	다리 1개=130g	0%
	문어		1마리=250g	1마리=250g	0%
	조각낸 것		1조각=8g	1조각=8g	0%

📎 **memo** 새우 수염과 장수와의 관계

일본에서는 장수의 염원을 담아 노인처럼 길게 수염이 뻗은 머리 있는 새우를 명절 음식에 사용한다.

재료명		기준량	정미량	폐기율
오징어 지방이 적고 쫄깃해 다이어트 식품으로 많이 찾는다.	화살오징어	1마리=250g	1마리=190g	25% (내장과 연골 등 제거)
	오징어	1마리=250g	1마리=190g	25% (내장과 연골 등 제거)
	불똥꼴뚜기	5마리=25g	5마리=25g	0%
	소금을 쳐서 하룻밤 말린 것	1마리분=150g	1마리분=150g	0%
	오징어 다리	1마리분=35g	1마리분=35g	0%
	롤형 오징어	1개=170g	1개=170g	0%
가리비 타우린과 미네랄이 풍부하다.	껍데기째	1개=160g	1개=80g	50% (껍데기 제거)
	조개관자	1개=30g	1개=30g	0%
바지락 감칠맛이 나고, 영양이 풍부하다.	껍데기째	5개=50g	5개=20g	60% (껍데기 제거)
		1컵=200g	1컵=80g	60% (껍데기 제거)
	조갯살	1컵=200g	1컵=200g	–

PART 5 | 알아두면 좋은 기준량&정미량

재료명		기준량	정미량	폐기율
재첩 크기는 작아도 영양가가 높고 간에 좋다.		1컵=185g	1컵=75g	60% (껍데기 제거)
대합 일본에서는 히나마쓰리에 대합장국을 먹는다.		껍데기째 3개=90g	조갯살 3개=35g	60% (껍데기 제거)
소라 나사조개의 일종으로, 쓴맛과 쫄깃쫄깃한 식감이 특징이다.		특대 1개=120g	특대 1개=50g	60% (껍데기 제거)

재료명	기준량	재료명	기준량
말린 뱅어 뱅어를 건조한 것이다.	1컵=60g	말린 치어 주로 멸치의 치어를 말한다.	1컵=80g
	1큰술=5g		1큰술=6g
이크라(연어알) 연어의 알로, 낱알을 하나씩 푼 것을 말한다.	1큰술=16g	얇게 구운 장어 원기 회복에 효과적이다.	1장=160g
명란 명태의 난소를 염장한 것이다.	중 1개=130g	앤초비 멸치류의 작은 물고기를 염장한 것이다.	1장=3g
명란젓 명란을 고추 등으로 절인 것이다.	대 1/2개 (대 1쪽)=130g	memo 명란(명태알)은 두 쪽이 이어져 있는 것을 1개로 헤아린다. 한 쪽과 1개는 분량이 다르므로 주의한다.	

분쇄 가공식품

으깬 어육에 조미료를 넣고, 찌고 굽고 튀기는 등 가열해 응고시킨 가공품이다. 주로 어묵의 재료로 사용한다.

재료명	기준량	재료명	기준량
대롱 모양 어묵 으깬 어육을 막대에 감고 찌거나 굽는다.	대 1개(16×3cm)=230g	어묵 으깬 어육에 조미료를 가미하여 가열한 것이다.	1개=150g
	소 1개(10.5×2.5cm)=25g		1/10조각=15g

재료명		기준량	재료명		기준량
사쓰마아게 으깬 어육에 각종 채소를 넣고 튀긴 어묵을 말한다.		1장=55g	게맛살 색과 식감을 게살과 비슷하게 만든 것이다.		1개=15g
우엉 말이 우엉에 으깬 어육을 두르고 튀긴 어묵이다.		1개=20g	곤약 대부분이 수분으로 이루어진 건강한 재료이다.		1장=250g
한펜 으깬 어육에 참마를 더해 삶은 것이다.		1장=100g	가는 곤약 곤약을 실모양으로 굳힌 것이다.		1팩=200g
쓰미이레 으깬 어육에 달걀 흰자 등을 더해 동그랗게 뭉쳐 삶은 것이다.		3개=60g	실곤약 일반 곤약을 잘게 썬 것이다.		1팩=180g

유제품

소, 산양 등 동물의 젖을 가공한 제품 중에 젖 이상으로 영양가가 높은 것이 있다. 간편하게 칼슘을 보충할 수 있는 재료를 소개한다.

	재료명	기준량		재료명	기준량
치즈 영양이 우유의 10배이며, 소량으로도 확실하게 영양을 보충할 수 있다.	슬라이스 치즈	1장=18g	치즈	크림치즈	1상자=200g
	가공 치즈	1개=25g		가루 치즈	1컵=90g 1큰술=6g
	코티지 치즈	1팩=125g		피자 치즈	1컵=210g 1큰술=15g
	카망베르 치즈	1홀=120g 1/6조각=20g		memo 1일 칼슘 섭취량을 채우는 치즈의 양은 약 100g이다.	

PART 5 | 알아두면 좋은 기준량&정미량

재료명		기준량	재료명	기준량
우유·요거트 등 부족한 칼슘을 보충해 준다.	플레인 요거트	1컵=220g 1큰술=18g	생크림	1컵=200g 1큰술=15g
	우유	1컵=210g 1큰술=15g	탈지분유	1컵=85g 1큰술=5g

난류(알류)

이 기준량을 알면 요리나 과자를 만들 때 도움된다. 달걀은 노른자와 흰자를 나누어 쓰기도 하므로 각각 알아두자.

재료명	기준량	정미량	폐기율
달걀 균형 잡힌 영양을 간편하게 섭취할 수 있는 우수한 식품이다.	L 1개=70g	L 1개=60g	15% (껍질과 알끈 제거)
	M 1개=60g	M 1개=50g	15% (껍질과 알끈 제거)
	S 1개=50g	S 1개=45g	15% (껍질과 알끈 제거)
달걀 노른자 비타민 A·B군·D를 다량 함유하고 있다.	M 1개분=20g	M 1개분=20g	-
달걀 흰자 90%가 수분이고, 나머지는 단백질이다.	M 1개분=30g	M 1개분=30g	-
메추리 알 작지만 철, 비타민 A·B가 풍부하다.	3개=30g	3개=25g	15% (껍질 제거)
피단 중국요리에 사용되는 오리 알의 가공품이다.	1개=85g 껍질 제거한 것 1/2개=25g	1개=50g 껍질 제거한 것 1/2개=25g	45% (진흙과 껍질 제거) -

콩가공품·콩

콩은 감자류나 뿌리채소보다 식이섬유가 많은 건강식품이다. 콩을 사용하여 만든 대표적인 가공품, 말린 콩과 삶은 콩의 기준량을 소개한다.

	재료명		기준량		재료명		기준량
두부 대표적인 콩 가공품이다. 만드는 방법에 따라 여러 종류가 있다.	견(絹)두부		1모=200~400g	유바 진한 두유를 가열했을 때 겉에 엉기는 막을 일컫는다.	날것		1장=30g
	목면두부		1모=200~400g		건조한 것		1장(6×9cm)=3g
	구운 두부		1모=300g	낫토 건강하고 우수한 웰빙식품 중 하나이다.			1팩=50g
	순두부		1모=300g	두유 단백질, 비타민 B 등의 함유율은 우유에 가깝다.			1컵=210g
							1큰술=15g
	튀긴 두부		1장=200g	비지 반 이상이 식이섬유로 이루어져 있다.	날것		1컵=135g
	유부		1장=20~40g				1컵=135g
							1작은술=4g
	간모도키		1개(직경 4.5cm)=55g		건조한 것		1컵=55g
							1큰술=4g
							1작은술=1g

📎 **memo** 두부 1모의 중량은 지역에 따라 크기 차이가 있다. 도심에서는 300~350g, 오키나와에서는 1kg이 일반적이다.

＊간모도키: 두부에 다진 채소 등을 넣어 튀긴 것.

PART 5 | 알아두면 좋은 기준량&정미량

재료명	기준량	불리기	불어난 중량
언두부 보존식품으로 우수하다.	4장=70g	300%	210g
콩 고기나 달걀에 뒤지지 않는 양질의 단백질이 들어 있다.	1컵=150g	약 215%	320g
삶은 콩 고모쿠마메(야채콩조림), 콩볶음, 미소(된장) 등에 쓰인다.	1컵=165g	-	-
긴토키마메(金時豆) 강낭콩 품종 중 하나이다.	1컵=160g	약 200%	320g
삶은 긴토키마메 칠리 콘 카르네 등 조림 요리에 쓰인다.	1컵=140g	-	-
팥 큰 낱알 품종인 '다이나곤'은 익히는 중에 잘 부서지지 않는다.	1컵=180g	약 250%	450g
삶은 팥 찰밥이나 팥죽, 팥소나 단팥죽 등에 쓰인다.	1컵=140g	-	-
백까치콩 붉은 강낭콩의 일종으로, 하얀 꽃이 핀다.	1컵=160g	약 220%	350g
삶은 백까치콩 콩자반이나 샐러드, 퓨레 등에 이용한다.	1컵=140g	-	-
렌틸콩 모양이 볼록렌즈와 닮았다. 물에 불릴 필요가 없다.	1컵=170g	-	-

재료명		기준량	불리기	불어난 중량
삶은 렌틸콩 수프, 카레, 크로켓 소 등에 쓰인다.		1컵=175g	–	–
병아리콩 식감이 밤과 비슷하다.		1컵=160g	약 200%	320g
삶은 병아리콩 샐러드, 수프, 카레 등에 쓰인다.		1컵=155g	–	–

밥·빵·면

주식이 되는 밥, 빵, 면 등의 1인분 분량과 먹기 좋은 분량을 소개한다. 칼로리 계산 시에 참고해 보자.

	재료명		기준량		재료명		기준량
밥 비타민 B군, 미네랄, 식이섬유가 많은 중요한 에너지원이다.	백미		1홉=150g	밥떡	찰밥		1공기=150g
	밥		1공기=150g		찰떡(기리모치)		1개=50g
	잡곡밥		1공기=150g		삶은 소바 김으로 말아낸 소바 초밥을 만들 때 쓰인다.		1인분=160g
	현미밥		1공기=150g		찐 중화면 라멘이나 야키소바를 조리할 때 쓰인다.		1인분=180g
	발아현미밥		1공기=150g		삶은 우동 야키 우동이나 샐러드 우동을 만들 때 쓰인다.		1인분=220g
	죽		1공기=200g	memo	밥 한 공기 분의 당질량은 55.2g이다. 당질이 걱정된다면 기준으로 알아두면 좋다.		

PART 5 | 알아두면 좋은 기준량&정미량

	재료명		기준량	삶기	삶은 후
건면·생면 건면은 유통기한이 길고, 삶는 양과 쫄깃함을 조절할 수 있다. 생면은 식감이 좋다.	소바(건조)		1다발=90g	약 255%	1다발 분=230g
	우동(건조)		1다발=90g	약 300%	1다발 분=270g
	소면(건조)		2다발=100g	250%	2다발 분=250g
	쌀국수면(건조)		1팩=150g	160%	1팩 분=240g
	스파게티(건조)		1인분=100g	235%	1인분=235g
	중화 소바면(생면)		1인분=135g	약 165%	1인분=220g
	당면(건조)		1봉지=100g	약 250%	1봉지 분=250g

재료명		기준량	재료명		기준량
식빵 네모난 모양으로, 구운 빵의 일종이다.		한 근=400g	**바타르** 프랑스어로 '중간의'라는 뜻이며, 바게트보다 굵고 짧다.		1개(8.5×40cm)=270g
		6등분의 1장=65g			10cm=70g
		8등분의 1장=50g			1cm=7g
버터롤 버터가 듬뿍 들어간 빵이다.		1개=30g	**포도빵** 건포도가 들어간 빵이다.		1개=40g

237

재료명	기준량	재료명	기준량
바게트 불어로 '가지'라는 뜻이며, 가느다란 모양의 프랑스빵이다.	1개(6.5×60cm) =250g	베이글 데치고 나서 굽는 도넛 형태의 빵이다.	1개=100g
	10cm=40g	콘플레이크 옥수수 가공품으로, 소화가 잘된다.	1컵=35g
	1cm=4g		
크루아상 버터를 반죽에 넣고 굽는다.	1개=40g	memo 바삭한 겉과 경쾌한 식감을 즐길 수 있는 프랑스빵은 '겉보기보다 중량이 가벼운 것'을 고르는 것이 중요하다.	

가루·기타

화과자, 양과자, 빵, 요리 등에서 쓰는 가루 및 중화요리에 쓰는 만두피 등의 기준량을 소개한다.

재료명	기준량	재료명	기준량
강력밀가루 글루텐이 많다. 빵이나 중화만두를 만드는 데 쓰인다.	1컵=110g	상신가루 화과자뿐 아니라 양과자를 만들 때도 쓰인다.	1컵=130g
	1큰술=9g		1큰술=9g
	1작은술=3g		1작은술=3g
박력밀가루 케이크 등의 제과, 덴푸라(튀김) 등에 쓰인다.	1컵=110g	백옥가루 두부를 섞으면 건강한 경단이 된다.	1컵=110g
	1큰술=9g		1큰술=9g
	1작은술=3g		1작은술=3g
녹말 물에 탄 녹말은 요리를 걸쭉하게 할 때 쓰인다.	1컵=130g	쌀가루 빵이나 과자, 튀김에도 쓰인다.	1컵=130g
	1큰술=9g		1큰술=9g
	1작은술=3g		1작은술=3g

PART 5 | 알아두면 좋은 기준량&정미량

재료명	기준량	재료명	기준량
빵가루 가루 형태로 된 빵을 건조시킨 것이다.	1컵=40g	**베이킹파우더** 빵, 과자를 구울 때 넣으며, 빵을 부풀게 하고 풍미를 준다.	1큰술=12g
	1큰술=3g		1작은술=4g
	1작은술=1g	**가루 젤라틴** 원료는 콜라겐이며, 주로 젤리를 만들 때 쓰인다.	1회 사용량=5g
생 빵가루 빵가루에 비해 오래 보존할 수 없다.	1컵=40g		
	1큰술=3g	**가루 한천** 원료는 해조이며, 양갱이나 행인두부를 만들 때 쓰인다.	1회 사용량=4g
	1작은술=1g	**만두피** 물만두는 피가 두껍고, 군만두는 피가 얇다.	1장(직경 8cm) =6g
콘스타치 케이크나 쿠키, 튀김에도 쓰인다.	1컵=100g		
	1큰술=6g	**춘권피** 앞뒷면을 잘 구분한다. 거칠거칠한 면이 뒤다.	1장=14g
	1작은술=2g	**슈마이피** 만두피보다 얇고 단단하다.	1장(6.5cm 사각) =4g
오트밀 귀리를 먹기 쉽게 만든 가공식품이다.	1컵=80g		
	1큰술=6g	**완탕피** 간수를 사용해서 약간 누렇다.	1장(9.5cm 사각) =5g
	1작은술=2g		

📎 **memo** 과자를 만들 때는 계량이 중요하다. 가루는 체에 친 뒤 재는 것이 좋다.

■ 하루에 무엇을 얼마나 먹어야 될까? (반찬 수 섭취법)

> 하루의 식사로 먹으면 좋은 주식과 반찬의 기본량

생선 하나 고기 하나	콩 하나	달걀 하나	우유 둘
생선 혹은 고기 반찬 중에 하나	콩·콩제품 반찬 하나	달걀 반찬 하나	우유가 들어간 음식 둘

요리별 영양 성분표	요리명	재료(1인분)	열량 (kcal)	단백질 (g)	지방 (g)	탄수화물 (g)	나트륨 (mg)	칼슘 (mg)
생선 하나	전갱이 소금구이	전갱이 1마리, 소금 $\frac{1}{3}$작은술	101	15.7	3.6	0.1	884	53
	전갱이 프라이	전갱이(1마리) 정미 80g, 양배추 2장, 레몬 적당량, 소금 $\frac{1}{4}$작은술, 후추 조금, 밀가루·달걀·빵가루·튀김 기름 각 적당량	289	35.6	19.0	12.2	731	101
	오징어 무 조림	오징어(몸통만) 정미 80g, 무 100g, 생강(얇게 썰기) 1장, 육수 100㎖, 술·미림·간장 각 1큰술	160	16.8	0.8	14.8	1236	40
	정어리 매실장아찌 조림	정어리(2마리) 정미 80g, 매실장아찌 1개, 생강(얇게 썰기) 1장, 술 1큰술, 미림 $\frac{1}{2}$큰술	177	15.5	7.4	5.9	763	64
	새우 튀김	새우(3마리) 정미 80g, 반결구상추·레몬 각 적당량, 소금 $\frac{1}{4}$작은술, 밀가루·달걀·빵가루·튀김 기름 각 적당량	214	36.4	11.8	8.6	759	54
	꽁치 소금구이	꽁치 1마리, 소금 $\frac{1}{3}$작은술	238	14.1	18.9	0.1	884	21
	연어 뫼니에르	생물 연어(토막/1조각) 정미 80g, 레몬(통썰기) 1장, 소금 $\frac{1}{6}$작은술, 드라이 허브 조금, 밀가루 $\frac{1}{2}$큰술, 버터 1큰술, 물냉이 약간	207	35.1	13.4	5.0	534	27

PART 5 | 알아두면 좋은 기준량&정미량

영양 성분표를 통해 하루에 먹은 요리의 칼로리와 염분량을 계산해보자.

채소는 다섯
녹황색채소 둘
담색채소 둘
감자 하나

밥은 든든히
밥, 빵, 면 3식

간식은 과일
과일 1/2~1개

이렇게 기억하면 하루에 필요한 영양소를 균형 있게 섭취할 수 있다. 자주 만드는 반찬의 영양가를 파악해 두면 메뉴를 짤 때 도움이 된다.

마그네슘 (mg)	철분 (mg)	비타민 A (μg)	비타민 D (μg)	비타민 E (mg)	비타민 B_1 (mg)	비타민 B_2 (mg)	나이아신 (mg)	비타민 B_6 (mg)	비타민 B_{12} (μg)	엽산 (μg)	비타민 C (mg)	콜레스테롤 (mg)	식이섬유 (g)	식염상당량 (g)
27	0.5	6	7.1	0.0	0.10	0.10	4.4	0.30	7.0	4	0	54	0.0	2.2
43	1.0	24	7.3	2.1	0.16	0.17	4.6	0.40	7.1	71	44	96	2.3	1.8
63	0.6	10	0.2	1.7	0.10	0.45	5.1	0.26	4.3	43	13	200	1.5	3.1
28	1.8	7	25.6	2.0	0.02	0.31	5.8	0.39	12.6	8	0	54	0.4	2.0
44	1.0	27	0.2	2.9	0.12	0.11	3.1	0.12	1.6	34	16	178	1.1	1.9
21	1.0	13	11.9	1.4	0.01	0.22	5.7	0.41	12.3	11	0	52	0.0	2.2
25	0.5	83	25.7	1.5	0.14	0.19	5.4	0.53	4.7	27	12	72	0.8	1.3

요리별 영양 성분표

	요리명	재료(1인분)	열량 (kcal)	단백질 (g)	지방 (g)	탄수화물 (g)	나트륨 (mg)	칼슘 (mg)
생선 하나	도미 조림	도미(토막/1조각) 정미 80g, 생강(채썰기) $\frac{1}{2}$개, 대파 $\frac{1}{4}$개, 생강(얇게 썰기) 1장, 간장 $\frac{1}{3}$큰술, 미림 $\frac{1}{2}$큰술	152	17.4	4.6	7.2	386	21
	방어 데리야키	방어(토막/1조각) 정미 80g, 꽈리고추 2개, 간장 · 미림 각 $\frac{1}{2}$큰술, 술 $1\frac{1}{2}$큰술, 참기름 1작은술	297	18.0	18.1	6.6	541	8
고기 하나	쇠고기 생강 조림	잘게 썬 쇠고기 80g, 생강(채썰기) 1장 분, 간장 · 미림 · 술 각 $\frac{1}{2}$큰술, 설탕 1작은술	254	14.2	15.7	8.7	559	7
	닭볶음	닭 넓적다리 살 80g, 연근 30g, 말린 표고버섯 3장, 토란 50g, 당근 30g, 우엉 15g, 곤약 40g, 꼬투리완두 2개, 술 2큰술, 육수 300㎖, 간장 · 미림 각 1큰술, 참기름 $\frac{1}{2}$큰술	412	20.6	19.2	36.4	1163	61
	만두	돼지고기 다짐육 80g, 양배추 1장, 부추 5개, 대파(잘게 다지기) 1큰술, 녹말 $\frac{1}{2}$큰술, 간장 · 술 각 $\frac{1}{2}$작은술, 만두피 10장, 참기름 $\frac{1}{2}$큰술	452	20.9	20.8	41.2	220	43
	돈가스	돼지고기 목심 두툼한 것 1장 80g, 양배추 2장, 소금 $\frac{1}{6}$작은술, 후추 조금, 밀가루 · 달걀 · 빵가루 · 튀김 기름 각 적당량	360	33.5	28.3	10.4	474	41
	닭볼 튀김	닭고기 다짐육 80g, 실파 1개, 당근(채썰기) 1큰술, 달걀 흰자 $\frac{1}{2}$개, 녹말 $\frac{1}{2}$큰술, 소금 $\frac{1}{8}$작은술, 간장 $\frac{1}{4}$큰술, 술 1큰술, 벌꿀 $\frac{1}{2}$큰술, 참기름 1작은술	263	16.1	15.4	14.5	645	16
	닭고기 데리야키	닭 넓적다리 살 80g, 삶은 달걀 $\frac{1}{2}$개, 대파$\frac{1}{4}$개, 생강(얇게 썰기) 1장, 간장 1작은술, 설탕 $\frac{1}{2}$작은술, 미림 $\frac{1}{2}$큰술	243	17.3	14.0	8.4	427	28

마그네슘 (mg)	철분 (mg)	비타민 A (μg)	비타민 D (μg)	비타민 E (mg)	비타민 B₁ (mg)	비타민 B₂ (mg)	나이아신 (mg)	비타민 B₆ (mg)	비타민 B₁₂ (μg)	엽산 (μg)	비타민 C (mg)	콜레스테롤 (mg)	식이섬유 (g)	식염상당량 (g)
34	0.4	8	4.0	0.9	0.08	0.06	5.0	3.27	1.0	24	5	54	0.8	1.0
28	1.2	43	6.4	1.7	0.19	0.31	7.8	0.38	3.0	11	6	58	0.3	1.4
22	1.0	4	0.0	0.4	0.08	0.17	3.3	0.28	1.8	8	1	51	0.1	1.4
79	1.9	218	2.6	0.7	0.31	0.39	11.1	0.51	1.4	83	23	71	9.6	3.0
39	1.7	81	0.3	1.1	0.63	0.25	5.1	0.42	0.5	62	20	59	2.6	0.5
28	1.0	23	0.4	1.9	0.55	0.24	3.1	0.31	0.5	64	31	97	1.6	1.2
26	0.8	99	0.1	0.8	0.08	0.22	4.9	0.45	0.2	18	4	64	0.4	1.7
28	1.2	40	1.1	0.4	0.13	0.25	4.1	3.23	0.5	41	6	178	0.7	1.2

요리별 영양 성분표	요리명	재료(1인분)	열량 (kcal)	단백질 (g)	지방 (g)	탄수화물 (g)	나트륨 (mg)	칼슘 (mg)
고기 하나	일본식 닭 튀김 (가라아게)	닭 넓적다리 살 80g, 레몬 적당량, 생강(강판 갈기)·마늘(강판 갈기) 각 $\frac{1}{4}$작은술, 간장·술·미림 각 1작은술, 후추 조금, 강력분 2큰술, 튀김 기름 적당량	269	16.1	12.6	18.8	394	19
	슈마이	돼지고기 다짐육 80g, 양파 $\frac{1}{4}$개, 생강(잘게 다지기) $\frac{1}{2}$큰술, 녹말 1큰술, 달걀 흰자 $\frac{1}{3}$개, 술 $\frac{1}{2}$큰술, 간장 1작은술, 소금 $\frac{1}{8}$작은술, 후추 조금, 그린피스 6알, 슈마이피 6장	329	18.6	14.1	27.1	720	23
	햄버그스테이크	혼합 다짐육 80g, 양파(잘게다지기) $\frac{1}{2}$큰술, 달걀 $\frac{1}{4}$개, 빵가루 2큰술, 소금 $\frac{1}{6}$작은술, 넛맥 조금, 무(강판에 간 것) 2큰술, 푸른 차조기 1장, 간장·미림 각 $\frac{1}{2}$큰술, 샐러드유 적당량, 참기름 1작은술	356	17.3	25.2	10.7	1004	26.5
	양배추 롤	얇게 썬 돼지고기 삼겹살 2장, 양배추 (2장) 100g, 이탈리안 파슬리 적당량, 소금 $\frac{1}{6}$작은술, 후추 조금, 물 300㎖, 콘소메 수프 조미료 1$\frac{1}{2}$작은술	188	7.1	14.6	34.2	1434	34
	일본식 돼지고기 조림 (가쿠니)	돼지고기 삼겹살 80g, 술 50㎖, 간장 $\frac{2}{3}$큰술, 미림 1큰술, 설탕 1작은술	435	12.6	28.3	14.8	731	6
	돼지고기 생강 구이	얇게 썬 돼지고기 목심 80g, 반결구 상추 적당량, 생강즙 1작은술, 간장·술 각 $\frac{1}{2}$큰술, 미림 1큰술, 참기름 $\frac{1}{2}$큰술	317	14.6	21.4	9.8	559	13
	비프스테이크	스테이크용 쇠고기 150g, 마늘(얇게 썰기) $\frac{1}{2}$개, 레몬(통썰기) 1장, 오레가노 적당량, 소금 $\frac{1}{6}$작은술, 후추 조금, 화이트와인 1큰술, 버터 1큰술	611	25.3	51.7	3.3	552	16

마그네슘 (mg)	철분 (mg)	비타민 A (µg)	비타민 D (µg)	비타민 E (mg)	비타민 B₁ (mg)	비타민 B₂ (mg)	나이아신 (mg)	비타민 B₆ (mg)	비타민 B₁₂ (µg)	엽산 (µg)	비타민 C (mg)	콜레스테롤 (mg)	식이섬유 (g)	식염상당량 (g)
27	0.8	0	0.6	0.4	0.13	0.15	4.0	0.25	0.2	21	17	71	1.3	1.1
32	1.3	9	0.3	0.4	0.60	0.25	4.8	0.39	0.5	17	5	59	1.7	1.8
29	2.0	37	0.4	1.0	0.34	0.24	4.2	0.30	1.0	26	5	109	0.8	2.6
17	0.4	10	0.2	0.3	0.23	0.07	2.1	0.19	0.2	58	30	28	1.3	3.6
20	0.7	3	0.1	0.2	0.41	0.12	4.0	0.21	0.4	6	1	56	0.0	1.8
22	0.9	23	0.2	0.4	0.51	0.21	3.0	0.26	0.4	12	3	55	0.3	1.4
27	1.5	74	0.1	1.0	0.10	0.16	8.0	0.62	1.2	14	12	129	0.8	1.4

요리별 영양 성분표	요리명	재료(1인분)	열량(kcal)	단백질(g)	지방(g)	탄수화물(g)	나트륨(mg)	칼슘(mg)
콩 하 나	튀김두부	목면두부100g, 꽈리고추 2개, 강판에 간 무 2큰술, 생강(강판 갈기) 조금, 녹말 1큰술, 육수100㎖, 연한 간장 ⅔큰술, 미림 1큰술, 술 ½큰술, 튀김기름 적당량	225	8.2	10.3	19.8	843	100
	채소 콩 조림 (고모쿠마메)	싱겁게 익힌 콩 100g, 말린 표고버섯 1장, 연근·우엉·당근·곤약 각 20g, 다시마(2cm 모서리) 1장, 육수 200㎖, 소금 ⅛작은술, 설탕 ½큰술, 간장·미림 각 ½큰술	223	16.4	7.0	25.5	1111	140
	두부 스테이크	연두부 100g, 파드득 나물 조금, 간장 ½큰술, 미림 1큰술, 밀가루 ½큰술, 참기름 ½큰술	167	22.8	9.3	14.5	529	64
	고기두부	목면두부 100g, 얇게 썬 돼지고기 삼겹살 50g, 대파 ¼개, 실파(송송 썰기) 조금, 육수 100㎖, 술·간장 ½큰술, 미림 1큰술, 시치미(七味) 조미료 조금	343	15.7	22.0	13.5	619	109
	마파두부	목면두부 100g, 돼지고기 다짐육 30g, 대파(잘게 다지기) 2큰술, 마파두부 조미료(시판) 1인분, 참기름 1큰술	299	13.6	23.6	6.5	566	98
달 걀 하 나	오믈렛	달걀 1개, 생크림 1큰술, 이탈리안 파슬리 적당량, 소금 ⅙작은술, 올리브오일 ½큰술, 방울토마토 3개, 양파(잘게다지기)·올리브오일 각 1작은술, 소금·후추 각 정당량	247	7.0	22.0	4.3	583	43
	온천 달걀	달걀 1개, 육수포함 간장 1작은술	78	6.4	5.2	0.5	242	26
	스크램블드에그	달걀 1개, 우유 1큰술, 소금 ¼작은술, 버터 10g	160	6.7	13.8	0.9	736	44

마그네슘 (mg)	철분 (mg)	비타민 A (μg)	비타민 D (μg)	비타민 E (mg)	비타민 B₁ (mg)	비타민 B₂ (mg)	나이아신 (mg)	비타민 B₆ (mg)	비타민 B₁₂ (μg)	엽산 (μg)	비타민 C (mg)	콜레스테롤 (mg)	식이섬유 (g)	식염상당량 (g)
145	1.2	3	0.0	1.1	0.10	0.05	1.8	0.13	0.4	28	8	0	1.2	2.1
91	2.4	144	0.5	0.8	0.10	0.14	4.1	0.15	0.8	46	12	0	11.1	2.7
64	1.0	6	0.0	0.2	0.10	0.07	0.3	0.08	0.0	18	1	0	0.7	1.3
152	1.7	23	0.3	0.7	0.35	0.16	4.2	3.21	0.7	41	8	37	1.2	1.5
138	1.5	7	0.1	0.4	0.31	0.12	2.3	0.18	0.2	25	3	22	0.8	1.2
13	1.2	174	1.0	1.8	0.07	0.25	0.4	0.10	0.5	39	15	228	0.7	1.5
8	1.0	75	0.9	0.5	0.03	0.22	0.1	0.05	0.5	22	0	210	0.0	0.6
7	0.9	133	1.0	0.7	0.04	0.24	0.1	0.04	0.5	22	0	223	0.0	1.9

요리별 영양 성분분표	요리명	재료(1인분)	열량 (kcal)	단백질 (g)	지방 (g)	탄수화물 (g)	나트륨 (mg)	칼슘 (mg)
달걀 하나	달걀말이	달걀 1개, 육수 $\frac{1}{2}$큰술, 미림 1작은술, 설탕 $\frac{1}{2}$작은술, 참기름 1작은술	133	6.2	9.2	4.2	72	26
	일본식 달걀찜	달걀 1개, 닭 넓적다리 살 10g, 삶은 새우 1마리, 육수 100㎖, 술 1큰술, 연한 간장 1작은술, 익힌 은행 1개, 파드득 나물 1장	127	0.2	6.7	2.1	495	62
	햄에그	달걀 1개, 얇게 썬 햄 2장, 파슬리 조금, 올리브오일 $\frac{1}{2}$큰술	210	12.8	16.7	0.8	470	32
우유 둘	새우 그라탕	우유 150㎖, 깐 새우 30g, 브로콜리 3송이, 머시룸 1개, 마카로니 30g, 밀가루 5g, 콩소메 수프 조미료 1작은술, 소금 $\frac{1}{4}$작은술, 후추 조금, 피자치즈 2큰술, 빵가루 1작은술, 버터 7g	404	21.5	17.8	38.7	1597	322
	크림스튜	우유 100㎖, 닭 넓적다리 살 60g, 양파 $\frac{1}{4}$개, 당근 $\frac{1}{6}$개, 감자 $\frac{1}{2}$개, 밀가루 5g, 콩소메 수프 조미료 1작은술, 소금 작은술, 후추 조금, 버터 $\frac{1}{2}$큰술	341	16.6	17.8	29.1	1401	136
채소는 다섯	아스파라거스 베이컨 볶음	그린 아스파라거스 100g, 베이컨 1장, 마늘 $\frac{1}{2}$개, 소금 $\frac{1}{8}$작은술, 후추 조금, 올리브오일 1작은술	123	4.7	10.1	4.7	434	20
	강낭콩 깨 조림	꼬투리 강낭콩 100g, 흰깨 페이스트·빻은 흰깨·설탕 각 1큰술, 연한 간장 $\frac{1}{3}$큰술	206	7.0	13.2	19.0	379	337
	순무 단 초절임	순무 100g, 설탕 1큰술, 식초 2큰술, 소금 $\frac{1}{4}$작은술, 빨간 고추(통썰기) 조금	63	0.8	0.1	14.4	592	25

마그네슘 (mg)	철분 (mg)	비타민 A (μg)	비타민 D (μg)	비타민 E (mg)	비타민 B₁ (mg)	비타민 B₂ (mg)	나이아신 (mg)	비타민 B₆ (mg)	비타민 B₁₂ (μg)	엽산 (μg)	비타민 C (mg)	콜레스테롤 (mg)	식이섬유 (g)	식염상당량 (g)
6	0.9	75	0.9	0.5	0.03	0.22	0.2	0.04	0.5	22	0	210	0.0	0.2
16	1.2	79	0.9	0.7	0.05	0.26	2.3	0.10	1.0	30	0	232	0.0	1.3
14	1.2	82	1.1	1.1	0.27	0.27	2.7	0.13	0.6	25	21	226	0.1	1.2
61	1.2	179	0.5	2.2	0.22	0.46	3.4	0.27	0.8	130	57	85	3.3	4.0
48	1.0	321	0.6	0.7	0.22	0.37	5.1	0.44	0.5	49	32	78	3.1	3.5
13	0.8	33	0.1	1.9	0.21	0.17	1.5	0.19	0.1	192	20	8	2.0	1.1
112	3.2	49	0.0	0.2	0.17	0.17	2.0	0.24	0.0	89	8	0	5.4	1.0
9	0.3	5	0.0	0.1	0.03	0.04	0.7	0.09	0.0	48	19	0	1.6	1.5

요리별 영양 성분표	요리명	재료(1인분)	열량(kcal)	단백질(g)	지방(g)	탄수화물(g)	나트륨(mg)	칼슘(mg)
채소는 다섯	호박 샐러드	호박 100g, 양파 1/10개, 건포도 8알, 플레인 요거트 1/2큰술, 마요네즈 1큰술, 소금·후추 각 조금	210	2.7	9.6	29.4	206	34
	호박 조림	호박 100g, 육수 2큰술, 미림 1+1/2큰술, 연한 간장 2/3작은술	137	2.3	0.3	28.7	260	17
	오이 미역 초무침	오이 100g, 염장 미역 20g, 생강(채썰기) 1/2큰술, 육수 1큰술, 식초·연한 간장 각 1/2큰술, 설탕 1/2작은술	31	2.0	0.2	6.3	680	38
	코울슬로 샐러드	양배추 100g, 당근 5g, 통조림 옥수수 1큰술, 프렌치드레싱(시판) 1큰술, 후추 조금	98	1.6	6.6	9.4	218	44
	우엉 조림	우엉 100g, 볶은 흰깨 1작은술, 빨간 고추(통썰기) 조금, 설탕 1작은술, 술·간장 각 1/2큰술, 참기름 1/2큰술	165	3.1	7.8	20.4	532	85
	소송채 볶음	소송채 100g, 대파 10g, 생강 5g, 치킨스톡 1/4작은술, 술 1/2큰술, 물에 탄 녹말(녹말 1작은술+물 2작은술), 참기름 2작은술	115	1.8	8.2	7.2	362	175
	고구마 레몬 조림	고구마 100g, 레몬(얇게 썰기) 2장, 설탕 1/2큰술, 소금 약간	168	1.1	0.6	40.1	141	53
	토란 국물 조림	토란 100g, 육수 150㎖, 연한 간장 1작은술, 소금 약간, 미림 1큰술	109	0.6	0.3	21.3	526	15
	무 조림	무 100g, 다시마(3×10cm) 2장, 육수 250㎖, 술·미림 각 1큰술, 연한 간장 1작은술	97	2.6	0.5	16.5	611	77

마그네슘 (mg)	철분 (mg)	비타민 A (μg)	비타민 D (μg)	비타민 E (mg)	비타민 B₁ (mg)	비타민 B₂ (mg)	나이아신 (mg)	비타민 B₆ (mg)	비타민 B₁₂ (μg)	엽산 (μg)	비타민 C (mg)	콜레스테롤 (mg)	식이섬유 (g)	식염상당량 (g)
30	0.8	335	0.0	6.7	0.09	0.11	1.6	0.27	0.0	46	44	8	4.1	0.5
28	0.5	330	0.0	4.9	0.08	0.10	2.0	0.23	0.1	43	43	0	3.5	0.7
25	0.5	32	0.0	0.3	0.04	0.05	0.5	0.07	0.1	30	14	0	1.8	1.7
17	0.4	41	0.0	1.0	0.04	0.04	0.3	0.13	0.0	82	41	0	2.4	0.6
71	1.2	3	0.0	0.7	0.07	0.07	0.7	0.14	0.0	76	3	0	6.2	1.4
14	2.8	261	0.0	0.9	0.10	0.13	1.0	0.14	0.0	117	40	0	2.3	0.9
26	0.5	3	0.0	1.3	0.11	0.03	0.6	0.22	0.0	55	45	0	3.8	0.4
27	0.6	0	0.0	0.6	0.09	0.04	3.2	0.19	0.6	32	6	0	2.3	1.3
53	0.4	4	0.0	0.1	0.10	0.06	4.0	0.10	1.0	46	13	0	3.3	1.6

요리별 영양 성분표

요리명	재료(1인분)	열량(kcal)	단백질(g)	지방(g)	탄수화물(g)	나트륨(mg)	칼슘(mg)
토마토 양파 샐러드	토마토 100g, 양파 1/10개, 가쓰오부시 2큰술, 논오일 일본식 드레싱(시판) 1큰술	58	5.9	0.3	8.5	467	14
가지 간장 조림	가지 100g, 양하 1개, 육수 100~150㎖, 연한 간장·미림 각 1작은술, 빨간 고추 1개, 튀김 기름 적당량	177	2.3	14.3	9.1	362	27
달걀 부추전	부추 100g, 달걀 1개, 치킨스톡 $\frac{1}{4}$작은술, 미림 1큰술, 연한 간장 $\frac{1}{3}$작은술, 후추 약간, 참기름 1큰술	256	8.3	17.5	12.9	623	76
당근 글라세	당근 100g, 콩소메 수프 150㎖, 후추 약간, 버터 $\frac{1}{2}$큰술	93	2.7	5.1	9.9	343	37
당근 샐러드	당근 100g, 건포도 12알, 소금 $\frac{1}{8}$작은술, 후추 약간, 레몬즙 $1\frac{1}{2}$큰술, 올리브오일 $\frac{1}{2}$큰술	134	1.1	6.2	20.4	341	37
브로콜리 새우 샐러드	브로콜리 100g, 새우 5마리, 마요네즈 1큰술, 홀그레인 머스타드 1작은술, 간장 $\frac{1}{3}$큰술	163	12.4	10.5	6.9	619	69
시금치 베이컨 소테	시금치 100g, 베이컨 1장, 마늘 $\frac{1}{2}$개, 소금 $\frac{1}{8}$작은술, 후추 약간, 버터 1큰술	173	4.4	16.0	3.9	538	52
시금치 데침	시금치 100g, 가쓰오부시·액상 조미료(시판) 각 1큰술	37	4.8	0.5	4.4	225	52
감자튀김	감자 100g, 밀가루·달걀·빵가루·튀김 기름 각 적당량, 소금 $\frac{1}{6}$작은술, 후추 약간	226	20.5	13.7	24.3	428	11

채소는 다섯

마그네슘 (mg)	철분 (mg)	비타민 A (μg)	비타민 D (μg)	비타민 E (mg)	비타민 B₁ (mg)	비타민 B₂ (mg)	나이아신 (mg)	비타민 B₆ (mg)	비타민 B₁₂ (μg)	엽산 (μg)	비타민 C (mg)	콜레스테롤 (mg)	식이섬유 (g)	식염상당량 (g)
21	0.8	46	0.2	1.0	0.08	0.06	3.0	0.14	1.3	26	16	12	1.3	1.2
31	0.5	16	0.0	2.3	0.08	0.09	2.1	0.11	0.4	39	4	1	2.9	0.9
27	1.7	365	0.9	3.0	0.09	0.35	0.7	0.21	0.5	123	19	210	2.7	1.6
19	0.4	751	0.0	0.5	0.10	0.14	2.5	0.19	0.3	26	6	13	2.8	0.9
15	0.5	721	0.0	0.9	0.09	0.06	0.9	0.14	0.0	25	14	0	3.3	0.9
47	1.6	71	0.0	4.8	0.17	0.24	1.8	0.33	0.4	234	121	71	4.4	1.6
73	2.1	413	0.2	2.4	0.18	0.22	1.1	0.21	0.1	212	40	33	3.0	1.3
74	2.3	351	0.1	2.1	0.12	0.22	1.9	0.16	0.7	213	35	6	2.8	0.6
24	0.7	15	0.2	1.6	0.11	0.07	1.4	0.19	0.1	28	35	42	1.6	1.1

요리별 영양 성분표	요리명	재료(1인분)	열량 (kcal)	단백질 (g)	지방 (g)	탄수화물 (g)	나트륨 (mg)	칼슘 (mg)
채소는 다섯	콩나물 무침(한국식)	콩나물 100g, 마늘(강판 갈기) 1/4작은술, 소금 1/6작은술, 빻은 흰깨 1작은술, 참기름 1/2작은술	52	2.4	3.7	3.6	392	46
	포테이토 샐러드	감자 100g, 당근 10g, 양파·오이 각 5g, 햄 1장, 플레인요거트·마요네즈 각 1큰술, 소금 1/6작은술, 후추 조금, 레몬즙 1작은술	217	6.0	21.4	21.2	607	30
국·수프	두부 된장국	연두부 1/6모, 대파 20g, 육수 150㎖, 된장 1/2큰술 조금 덜	57	1.7	2.2	4.7	478	48
	채소 콩소메 수프	양배추 1/3장, 양파 1/2개, 당근 10g, 감자 20g, 베이컨 1/2장, 물 200㎖, 콩소메 수프 조미료 1작은술, 후추 조금	65	1.9	12.0	7.9	404	17
	미역 수프	미역(불린 것) 50g, 대파(어슷썰기) 5조각, 물 200㎖, 치킨스톡 1작은술, 후추·볶은 흰깨 각 조금	23	1.5	0.7	4.5	963	37
밥은 든든히	일본식 채소비빔밥 (재료·영양성분 2인분 기준)	쌀 1홉(180㎖), 닭 넓적다리 살 50g, 당근·우엉 각 30g, 만가닥버섯 1/4팩, 곤약·유부 각 1/4장, 육수 180㎖, 간장 2/3큰술, 미림 1/2큰술	853	24.5	12.7	155.1	773	91
	미트 소스 스파게티	미트 소스(시판) 1인분, 혼합 다짐육 30g, 양파(잘게 다지기) 2큰술, 스파게티 80g, 파슬리 조금, 올리브오일 1작은술	474	17.2	13.5	77.0	316	30
	샌드위치	식빵(1봉 10장) 2장, 로스햄 1장, 오이 1/4개, 버터 1/2큰술	299	11.0	11.2	38.4	645	33

마그네슘 (mg)	철분 (mg)	비타민 A (μg)	비타민 D (μg)	비타민 E (mg)	비타민 B₁ (mg)	비타민 B₂ (mg)	나이아신 (mg)	비타민 B₆ (mg)	비타민 B₁₂ (μg)	엽산 (μg)	비타민 C (mg)	콜레스테롤 (mg)	식이섬유 (g)	식염상당량 (g)
19	0.5	0	0.0	0.1	0.05	0.06	0.5	0.09	0.0	47	8	0	1.8	1.0
28	0.5	80	0.1	1.9	0.23	0.09	2.7	0.26	0.1	28	50	17	1.8	1.5
43	0.9	1	0.0	0.2	0.08	0.06	2.4	0.09	0.6	26	3	0	1.1	1.2
10	0.2	73	0.0	0.0	0.09	0.04	0.6	0.12	0.1	23	20	4	1.2	1.1
15	0.4	12	0.0	0.1	0.02	0.01	0.1	0.02	0.0	15	1	0	1.9	2.5
99	2.8	236	0.5	0.9	0.31	0.24	9.6	0.51	0.9	69	5	45	6.2	1.9
52	2.1	32	0.1	0.6	0.34	0.14	3.9	0.21	0.3	15	5	21	2.5	0.8
24	0.7	38	0.2	0.6	0.18	0.07	2.3	0.08	0.1	32	14	21	2.1	1.6

맛있는 요리를 위한
밑손질 AND 조리 방법

2017. 3. 17. 초 판 1쇄 발행
2018. 1. 26. 초 판 2쇄 발행

감수	마츠모토 나카코
옮긴이	강정원
펴낸이	이종춘
펴낸곳	BM 주식회사 성안당
주소	04032 서울시 마포구 양화로 127 첨단빌딩 5층(출판기획 R&D 센터) 10881 경기도 파주시 문발로 112 출판문화정보산업단지(제작 및 물류)
전화	02) 3142-0036 031) 950-6300
팩스	031) 955-0510
등록	1973. 2. 1. 제406-2005-000046호
출판사 홈페이지	www.cyber.co.kr
ISBN	978-89-315-8035-8 (13590)
정가	17,000원

이 책을 만든 사람들
책임	최옥현
진행	김해영
본문 디자인	김인환
표지 디자인	박원석
홍보	박연주
국제부	이선민, 조혜란, 김해영
마케팅	구본철, 차정욱, 나진호, 이동후, 강호묵
제작	김유석

이 책의 어느 부분도 저작권자나 BM 주식회사 성안당 발행인의 승인 문서 없이 일부 또는 전부를 사진 복사나 디스크 복사 및 기타 정보 재생 시스템을 비롯하여 현재 알려지거나 향후 발명될 어떤 전기적, 기계적 또는 다른 수단을 통해 복사하거나 재생하거나 이용할 수 없음.

※ 잘못된 책은 바꾸어 드립니다.

MOTTO OISHIKU RYOURI NO UDE GA AGARU! SHITAGOSHIRAE TO CHORI TECH Copyright ⓒ 2016 Asahi Shiumbun Publications Inc., All rights reserved.
Original Japanese edition published in Japan by Asahi Shimbun Publications Inc., Japan.
Korean translation rights arranged with Asahi Shimbun Publications Inc., Japan through Imprima Korea Agency.
Korean translation Copyright ⓒ 2017~2018 by Sung An Dang, Inc.

이 책의 한국어 판 저작권은 Imprima Korea Agency를 통해 Asahi Shimbun Publications Inc.과의 독점계약으로 BM 주식회사 성안당에 있습니다.
저작권법에 의해 한국 내에서 보호를 받는 저작물이므로 무단전재와 무단복제를 금합니다.